西村実則　著

近代のサンスクリット受容史

山喜房佛書林

はじめに

近代になって仏典をサンスクリットあるいはその俗語パーリ語で読むようになったのは、仏教界に大きな胎動を呼び起こすことになった。本書はヨーロッパならびにインド、セイロンに原典研究の目的で留学した人びとの師との出逢い、それにその後の事跡などを中心に鳥瞰したものである。

近年、日本仏教史の上で近代についての研究が急速に進展しつつある。そうした中でサンスクリット受容史もむろん必須の研究分野といっていい。今後の研究の一つの見取り図となればとの思いでまとめたものである。

「近代のサンスクリット受容史」 目 次

近代日本の梵語学史

徳川期には檀家制度があり、日本人すべてがいずれかの寺院に属していた。しかし明治維新以後、神仏分離令が施行され、仏教界は廃仏毀釈の嵐にみまわれた。全国の多くの寺院が取り壊され、仏像も破壊される始末となった。代表的な例として芝増上寺では本尊阿弥陀仏の代わりに神棚が祀られたり、奈良興福寺の僧は還俗させられ、高野山金剛峯寺では弘法大師の名はそのままに弘法（ひろのり）神社と改称すべき案まで提出された。南北朝時代から江戸時代まで天皇家の菩提寺であった京都泉涌寺では従来の陵墓はそのままながらも、以後打ち切られた。こうして仏教界は存立の危機に直面したのである。

甚大な被害を蒙った仏教界では新政府に浄土宗の福田行誡（一八〇八―一八八八）、真言宗の釈雲照（一八二七―一九〇九、京都、仁和寺）、浄土真宗の石川舜台（一八四二―一九三一）らが抗議の嘆願書を提出するとともに、僧侶たちにはいっそうの戒律引き締め策が強調されたりした。

鎖国体制を解いた明治新政府は政治、医学、工学、哲学、芸術の分野でヨーロッパに多くの人びとを派遣し始めた。仏教界でも現状打開の方策として欧米の宗教事情を調査する動きが急速に高まった。

時の伏見宮（東本願寺法主大谷光瑩の伯父）、東伏見宮（同法主の従兄弟）、それに太政大臣三条実美らは海外の宗教事情を視察するよう仏教界とりわけ東西本願寺にはたらきかけた（柏原祐泉「維新期の真宗」。のちに三条の三女、章子は大谷光演（のちの東本願寺大谷派二十三世）と結婚するほど皇室とのつながりも深かった）。一八六八年（明治元年）、西本願寺派では大谷光尊、梅上沢融、島地黙雷（一八三八―一九一一）、赤松連城（一八四一―一九三八）、堀川教阿らを欧米に派遣。一八七二

（明治五年）には真宗東本願寺派（大谷派）でも法主大谷光瑩（現如）、石川舜台（一八四二―一九三一）、松本白華（一八三八―一九二六）らをやはり欧米に派遣した。東本願寺派の大谷光瑩はフランスの図書館を訪問した際、サンスクリットで書かれた仏典を目の当たりにし、同行した石川舜台に研究を命じた。この点は南条文雄の回顧録に、

現如上人（大谷光瑩）が私たち二人に梵語をやらせたいという考えを起こされたのは、先年の洋行中に萌芽していたのであった。欧州旅行中、フランスのなんとかいう図書館で梵本の経文をご覧になって、それの研究方法を石川君に計られたということであった。それで石川君はしばらくその研究をしてみたが、事情が許さないのでついに中止して帰ったのであった（南条文雄『懐旧録』八三頁）。

と記されている。ただ東本願寺派では同行の松本白華もパリに留学させる予定であったが、道中想定外の過大な出費、それに大谷光瑩と松本との角逐もあって、二人とも留学話は沙汰やみとなったいきさつがある（『松本白華航海録』）

ヨーロッパのインド学

近代のインド学はインドを植民地としたイギリスから始まった。中村元によると、「インド学の学問的研究は、十八世紀からヨーロッパで起こり、十九世紀末にはその絶頂に達したと言い得るであろう。その理由は、西洋人（特にイギリス人）が東洋に来て政治的軍事的な支配統治を行ない経済上の利益をあげるためには、どうしてもインド人の生活を知り、その思想や宗教を理解しなければならぬ

という必要から出たものであった」（『比較思想論』七頁）とあり、渡辺照宏も「十九世紀後半はいわばサンスクリット語研究の黄金時代」（『仏教』）であったという。

仏教に限ってみてもフランス・インド学の大家シルヴァン・レヴィは、「釈尊をインドに持ち帰ったのはヨーロッパの人びとである。彼らは旅行者として、使者として学者として、チベットの高原から太平洋の沿岸に足をのばし、仏教活動の輝かしい足跡を発見するや、その本質、実態を見きわめようと努力した。（略）仏教に対する外部からのこのような評価に接して、インドはいまさらながらに驚異の目を見はり、これまで侮っていたわが子の偉大さをはじめて認識するようになったのである」（『仏教人文主義』山田龍城訳、一三―一四頁）と、インドではようやく近代になって仏教が再認識され、それもヨーロッパ人の努力によるとした。宇井伯寿も「わが国文化の凡ての方面が西欧化せられ、文化の方面も欧風が盛んであったに伴われて、仏教も欧風の影響を受けた」（「仏教研究の回顧」四八頁）と、仏教研究もヨーロッパからの影響を受けたという。いったいインド人にとってバラモン教最古の聖典『リグ・ヴェーダ』は現実に生きている口承の聖典であり、それを学問的に解明することなど夢想だにせず、仏教といえども八世紀（最も遅くとも十三世紀）に滅亡したため、忘却のかなたにあったのである。ではイギリスでどのようにしてインド研究の端緒が開かれたかをインド史研究者（松井透、長田俊樹、ラーマスワーミ・シャーストリなど）の見解に従って略述しておこう。

ウイリアム・ジョーンズ（一七四六―一七九四）

十八世紀中ごろからインドを植民地とした大英帝国は、現地に東インド会社を設立し、ヨーロッパの文化、それにキリスト教を導入してインドの近代化を図ろうとした。ジェームス・ミルは一八一七年の時点でインドを野蛮な状態とみた。この見解は以後、インド支配の上で決定的な影響を及ぼすことになった。インドは、「ヒンドゥーイズムの呪縛による人類史上その比をみないほどの精神的肉体的な奴隷状態」(松井透「イギリスのインド支配の論理」一〇八頁)に置かれた状態ゆえ、イギリス人はインド人をその抑圧から解放しようとしたのである。もっとも大英帝国から送り込まれた高官の中にはインド文化に共感、かつインドの民衆側に立つ考えをもつ人たちも登場した。その最初の人はウイリアム・ジョーンズである。彼は一七八四年、カルカッタに裁判官として着任し、インド人の考え方を知るために学芸の基本的言語サンスクリットを学び、劇作家カーリダーサの『シャクンタラー姫』を読むに及んで、その感動を「インド人について」と題して講演した。

サンスクリットは、その古さはどうであろうとも、驚くべき構造をもっている。ギリシャ語よりも完全であり、ラテン語よりも豊富であり、しかもそのいずれにもまして精巧である。しかもこの二つの言語とは、動詞の語根においても、文法の形式においても、偶然つくりだされたとは思えないほど顕著な類似をもっている。それがあまりに顕著であるので、どんな言語学者でも、これら三つの言語を調べたら、それらは、おそらくはもはや存在していない、共通の源から発したものと信ぜずにはいられないであろう(風間喜代三訳『言語学の誕生』)。

これはヨーロッパの言語とサンスクリットには予想もしなかった共通点が認められ、これは一つの源から発生したにちがいないというもので、ヨーロッパ側を驚かせたのである。ジョーンズによる『シャクンタラー姫』英訳の二年後、ドイツのフォルスターがこの英訳をドイツ語訳すると、ロマン主義の沸き起こっていたドイツではインドの文化、サンスクリット、それに劇作家カーリダーサに対する世評がにわかに高まり、文人政治家フンボルト、さらにゲーテまでが自作の『ファウスト』にインド戯曲の様式を応用するまでに至った（前嶋信次『インド学の曙』一二八頁）。ジョーンズはカーリダーサの『季節集』も翻訳し、カーリダーサはシェークスピアに匹敵する劇作家とまで高く評価した（K.S.Ramaswami Sastri.p.22）。インド寓話集『ヒトーパデーシャ』を翻訳した際には、世に広まる処世訓の起源はインドにあるとし、ヒンドゥー教聖典『バガヴァッドギーター』、大叙事詩『ラーマーヤナ』、インド哲学の主流であるヴェーダーンタ学派に至るまで強い関心を示した（松井透「ウィリアム・ジョーンズのインド論とインド統治論」八八頁）。ジョーンズはさらに往古、イギリスがいまだ野蛮であった時代にインドにはすでに文芸が隆盛して（松井透、同、八二頁）、インド文化と古代ギリシャ文化の間には偶然とはいえない親近性が認められ、双方の神々もその名前に異なりがあるだけで、その起源はインドにあると解した。輪廻転生や業（カルマン）の思想はインド独自の思想とし、多くのヨーロッパ人が違和感を抱くインドの道徳的退廃、誇張された官能表現、露骨な性の描写を是認した上で相互理解をはかるべきとした。

ジョーンズは裁判官という立場上、実際の裁判の際、偽証が安易に入る事態に直面する（松井透、同九四―一二七頁）。ヒンドゥー法を正しく保持すべき専門家（パンディット）すら信用できないのはなぜかと疑問を抱き、法規集の『マヌ法典』を英訳する。そこには敬虔な精神、博愛の心情、生きとし生ける者に対する温和、優しさのほか、欲望に突き動かされる人間の姿、王にとって耳ざわりな忠告まで説かれ、高潔きまりない法規集と感動する。そうしてインドの習慣、伝統、法秩序はそのまま尊重すべきでやたらに改革をもちこむべきでなく、長期的にみれば、それがイギリスの国益に資すると提示し、当初以来のインド統治の政策に反省を促したのである。

ジョーンズはインドで四十一歳という若さで没した。が、ヨーロッパ側からは「インド学の父」「比較言語学の創始者」（二十八にのぼる言語に通じていた、長田俊樹『新インド学』三二頁）、インド側からは「自分たちに民族の自覚と誇りを教えてくれた人」（安田「インド文明の発見」一四八頁）、「ヒンドゥー文化を世界に広めた最初の一人」（R.Sastri, Eminent Orientalists、p.20）と絶讃された。ベンガルにアジア協会を設立したこともあって没後、協会には胸像、それに記念塔のような巨大な墓が建てられている。

ジョーンズ同様、インドの文芸、宗教に共感したのはチャールズ・ウイルキンス（一七五〇―一八三六）である。彼は一七七〇年から東インド会社の社員としてカルカッタに駐在し、『バガヴァッドギーター』それに『ヒトーパデーシャ』を英訳、そのほかサンスクリット文法も出版した。

続いてコールブルック（一七六五―一八三七）は東インド会社の会長を父とし、十代からカルカッタに滞在。法務関係の仕事（税金対策の役人）をしながらインド法を修得、サンスクリット文典も手がけた。三十数年にわたってインドに滞在した後、一八一五年に帰国。その後は、イギリスに王立アジア協会を設立したり、インド哲学を生涯にわたって講義した（長田俊樹『新インド学』三六頁）。

次いでウイルソン（一七八六―一八六〇）は内科医としてカルカッタに赴任し、カーリダーサ作『メーガドゥータ（雲の使者）』の英訳、あるいはサンスクリット辞典の刊行をした。二十数年インドに滞在し帰国後、イギリス初となるオックスフォード大インド学の教授に就任。『リグ・ヴェーダ』

『ヴィシュヌ・プラーナ』『カターサリットサーガラ』『十王子物語』などを紹介した（*Eminent Orientalists*, p.77）。なおウィルソンによる『リグ・ヴェーダ』の英訳は早くも一八七〇年代に東本願寺派で日本語訳（『利con 毘陀』）されている（多屋頼俊「石川舜台と東本願寺」）。

パーリ語仏典の研究

サンスクリットの方言パーリ語で書かれた仏教聖典の本格的研究が始まったのは、デンマークのラスク（一七八七―一八三二）がセイロンで多数のパーリ語、シンハラ語の写本を自国に持参して以後である。デンマークの首都コペンハーゲンはパーリ語仏典研究の一大センターとなり、一八五五年、ファウスベルが『法句経』を、さらにその後『スッタニパータ』を出版した。パーリ仏典研究はその後、イギリス、ドイツ、フランスでも盛んとなった。

サンスクリット写本の発見

サンスクリットの仏典研究に拍車がかかったのは、東インド会社の外交官ホジソン（一八〇〇―一八九四）が一八三六年から二十年間ネパール駐在公使として滞在していた時に、三八一にのぼるサンスクリット写本を入手してからである。ホジソンは「友人になったネパール人僧たちが一揃いの文献群を私蔵していることを発見した。土地の口語とは異なる言語、サンスクリットで書かれたその文献群こそ、仏教の聖典であった」と伝え、「それらの現存分すべての目録を調達し、さらにその大部分の写本を入手」（フリードリヒ・マックス・ミュラー『比較宗教学の誕生』日野慧運訳）し、それらをインド、ベンガル、イギリス（ロンドン王室アジア協会、オックスフォード大）、フランス（パリ、アジア協会）の四か所に分与した。ホジソンがこうして分与した精神を渡辺海旭は「公正の精神は実に立派」（『欧米の仏教』七六頁）と評している。

ビュルヌフ

もっともホジソンが四か所に分与したサンスクリット写本類はしばらく「カルカッタでもロンドンでも、日の目を見ぬまま放置されたままであった（ミュラー『比較宗教学の誕生』四八二頁）が、初めて解読に着手したのはパリ大学のビュルヌフ（一八〇一―一八五二）であった。彼は最初に『八千頌般若経』を読み始めたものの繰り返しが多く、「般若」の意味すら把握できず辟易する。しかし『法華経』の内容には惹き込むものがあり、全編をフランス語訳した（出版は没後）。次いで仏教大綱ともいうべき画期的な書『インド仏教史序説』を出版した。この書についても渡辺海旭は、

同氏（補、ホジソン）の蒐集した豊富な新材料は大天才ビユルヌーフの快手腕で充分に料理し咀嚼されて、時代を作った大著『印度仏教史緒論』が新研究創業の大功績を学壇に立てた。此書中には大天才が卓抜の識見、炬に似たる眼光で教理と歴史に充分価値ある説述評論を遺したが、特に大乗諸経典の解題は非常の苦心と該羅無礙の好頭脳とを遺憾なく発揮した（『欧米の仏教』一〇三頁）。

と最大限の賛辞を呈している。こうしてビュルヌフ以後、サンスクリット仏典に対する本格的な研究が始まった（ドナルド・S・ロペス「ビュルヌフと仏教研究の誕生」）。

インド人で初めて仏教写本に注目したのはラージェーンドラ・ラーラ・ミトラ（一八二〇―一八九一、カルカッタ生れ）である。彼はホジソンが将来した写本の一つ、『ラリタビスタラ』（ブッダの伝記）を校訂出版した。この校訂本は南条文雄、笠原研寿の二人がイギリス留学中、マックス・ミュラーのもとで読んでいる（『懐旧録』）。ミトラはベンガル・アジア協会の司書からインド人初の協会会長となった。

サンスクリット写本のさらなる発見

ホジソンの写本入手から三十年後、イギリス人医師ダニエル・ライトが兄ウイリアム・ライトそれにケンブリッジ大インド学教授カウエルからの依頼を受け、ネパールで一八七三年から三年間にわたって写本を蒐集し、仏教、バラモン教の写本合わせて八百五十部（仏教のもの三百二十五部）を入手し、これらはケンブリッジ大に納められた（写本目録はケンブリッジのベンドールが作成）。

一八八九年にはイギリスの軍人バウアーがカシュガル地方から写本五十一葉を買い、それらの解読をヘルンレ（一八五七―一九〇七）に依頼した（ヘルンレはそれらをバウアーの名を冠してバウアー写本と名づけた）。内容はサンスクリット、コータン語、クチャ語のものである。ヘルンレ自身も現地人、商人、駐在官を通じて写本を集め、それらはイギリスの大英博物館、インド省図書館に収められている（松田和信『インド省図書館蔵　中央アジア出土大乗涅槃経梵文断簡集』）によれば現在、大英図書館に移されたという）。

日本初の留学生―南条文雄・笠原研寿―

一八七五年にはベートリンクとロートが二十三年の歳月をかけ、『梵独大辞典』全七巻を完成。同じ年にはデンマークのチルダースが『パーリ・英語辞典』を出版した。南条文雄（一八四九―一九二七）、笠原研寿（一八五二―一八八三）の二人が日本から初めてヨーロッパに留学した当時のインド学はじつにこのように隆盛を極めていたのである。

真宗の大谷派は一八七六年、日本初の留学生として南条文雄（この時二十七歳）、笠原研寿（二十四歳）の二人をイギリスへ送り出した。もっとも紹介者がなかったため、偶然二人がイギリスで最初に出会ったインド学者はパーリ語を専門とするリス・デヴィズ（一八四三―一九二二）であった。

リス・デヴィズ

リス・デヴィズは、牧師の子でブライトンの学校を終え、ドイツ・ブレスラウ（現、ポーランド）でインド学のシュテンツラーに学び、二十三歳で学位を取得。一八六六年、法律家としてインドに赴任、その後、セイロンに渡った。ある一つの事案に提出された書面にパーリ語で書かれた一節（律）があり、それをきっかけにパーリ語を学び始めた。帰国後、ロンドン大学、マンチェスター大教授となった。彼は心底、仏教に共感し仏教信者を公言し、私邸を「ナーランダー」（古代インドの仏教大学名）とまで命名し、息子や娘にもパーリ語を学ばせた。この点は渡辺海旭が、

紳士の典型と言ったら、英人と相場が極まってるさうだが、若しさうすれば、リス・デヴィズ教授は英人中の英人、紳士中の紳士であらう。教授が崇高温雅な人格と、寛厚謹厳な性質、精励敢

為の精神と而して後進に対する親切無私な指導は、一度其人に接して決して忘るることの出来ぬ所だ。仏陀及其教義に対する敬虔の情は、ロンドン仏教協会の会長として活動し、其東洋学に於ける深い真摯なる同情は其邸宅に命名するに中世印度仏教学の淵源であった大学の名『那爛陀』を以てし、其令息や令嬢にはパーリ語を課して家庭に一種の新風味が存在するのでも判からう。パーリ聖典会が大成功を収めたのは実に学界必須の要求に基因しやう。然し教授の大人格が実は其主要の原因たるを忘れてはなるまい（渡辺海旭『欧米の仏教』三六頁）。

と記すとおり。渡辺は彼こそイギリスきっての紳士だという讃辞まで加えている。リス・デヴィズの同僚であったステッドは、「親切、思いやり、寛い心——一言で言えば、彼が好んで引用した『如是語経』（Itivuttaka）の慈愛 metta——こそ彼の優れた性格の特徴であった」（中村了昭訳『仏教時代のインド』）と、彼の人柄を伝えている。パーリ聖典協会（PTS）を創設し、パーリ語辞典、それに多数のパーリ語仏典を出版した。教え子であったキャロラインも妻となったのち、この協会の運営、編集に参画。ロンドンのカレッジでパーリ語を教えたり、パーリ語の理論書『法集論』を英訳したりして活躍した。

リス・デヴィズは日本から来た南条文雄、笠原研寿の二人にこのパーリ語の学習を勧めた。しかし彼らはこの申し出を拒否した。二人は大乗仏教、それも自分たちの宗派つまり浄土真宗の拠りどころとする『無量寿経』『阿弥陀経』の研究をめざしていたからである。パーリ語は東南アジアの仏教国、いわゆる小乗仏教徒の使用する言語という先入観も彼らの胸中にあったと思われる。

その後、日本の駐イギリス公使から紹介されたのがオックスフォード大教授マックス・ミュラー（一八二三―一九〇〇）であり、二人はこの人に師事することに決めたのである。ところで二人が日本出発前、栗原重冬（校閲舟橋振）がすでにマックス・ミュラーの *Sanskrit Manual*（1862年刊）を『散斯克小文典』と題して翻訳していた。出版されたのは一八七七年と彼らの出発一年後であるが、南条はすでに草稿を閲覧していた。『懐旧録』に、「梵語にかんするものとしては僅かに育英教校の英語教師舟橋振氏が和訳した『サンスクリット小文典』ぐらいであるが、私はオックスフォード滞在中専心にその原本を読みあげたものである」（一二一頁）とあるし、やはり南条の「欧州梵語学略史」に「此本の和訳散斯克小文典三冊は明治十年十二月に我大谷派本願寺教育課の蔵版として発兌せり」（『南条文雄著作集』）とあるからである。なお東本願寺派では石川舜台の帰国後、翻訳部を立ち上げ、ウィルソンの英訳『リグ・ヴェーダ』の日本語訳、それにドイツのベンファイ（一八〇九―一八八一）の文典も訳出していた。

マックス・ミュラー

二人の師となったマックス・ミュラーは詩人として高名なヴィルヘルム・ミュラー（『水車小屋の娘』『冬の旅』、作曲はシューベルト）の子で、ライプツィヒで学位を取得。その後、ベルリンで印欧語比較言語学の祖フランツ・ボップに師事した。しかるにボップの死後、空席となったベルリン大学インド学のポストをめぐり、当時二十六歳のミュラーと二歳年下のアルブレヒト・ヴェーバー（一八二五—一九〇一）とが競合し敗れてしまい（ヴェーバーはその後のドイツ・インド学を大きく牽引した）、フランスのビュルヌフの許へ向った。

ビュルヌフからはインド最古の宗教聖典『リグ・ヴェーダ』の校訂を任され、出版の段階までこぎつけた。しかしながら資金難となりパリからイギリスに戻り、さらにイギリスから故国ドイツへ戻ろうとした。その頃、駐英ドイツ大使のブンゼン（一七九一—一八六〇）、文人政治家フンボルト、それにオックスフォード大サンスクリット学教授ウイルソンらがミュラーの窮状を聞き、『リグ・ヴェーダ』出版の費用を援助するのでイギリスに留まるよう手をさしのべた。この点に関してマックス・ミュラーは、「我が畏友ブンゼンがある日、カールトンハウス・テラス（ロンドンのウエストミンスター特別区セント・ジェイムズ地区に

ある通りの名）にあったその書斎に私を呼び、リグ・ヴェーダの出版は確約されたと、目を輝かせながら教えてくれた。彼は何日もかけて東インド会社の理事たちと会い、この文献の重要性とそれをイングランドで出版することの必要性とを説明してくれていた。ついに彼の努力は実り、わたしの編集によるバラモンたちの聖なる讃歌集の本文と註釈を印刷するための資金が交付され（一八四七年四月交付決定、ミュラー編『リグ・ヴェーダ』初版は全六巻（一八四九—七四年刊）、ブンゼンはその文芸外交の喜ばしい成果を、知らせてくれた」（ミュラー『比較宗教学の誕生』山田仁史訳）と伝えている。

ところでオックスフォード大サンスクリット学教授のウイルソンは一八六〇年に死去。その後継者として再びミュラー、それにウィリアムズの名があがった。しかしベルリン大の場合同様、敗れてしまった。落選理由は前任者ウイルソンがミュラーの『リグ・ヴェーダ』第一巻の序文草稿に難色を示したためもあって（結果的に出版されなかった）、二人の仲は冷え切っていたこと。さらにミュラーは匿名で『ザ・タイムズ』に自分の書いた本を絶賛したことが発覚、それにドイツ出身ということもあった（長田俊樹『新インド学』一二—七頁）。一方、教授に就任したウイリアムズは東インド会社の測量技師の三男としてボンベイで生まれた。生涯の業績に『ナラ王物語』、『シャクンタラー姫』の翻訳、著書には『インドの智慧』『バラモン教とインド教』『ヒンドゥー教』『仏教』がある。『仏教』はその基本的教義、歴史、北方と南方仏教の特色、使用する仏具類などを紹介した概説書である。『梵英辞典』はこの種の辞典のスタンダードとなり、今もってサンスクリット学習者の座右の書となっている。

もっとも敗れたとはいえミュラーもその後、『リグ・ヴェーダ』の資料蒐集、研究が評価され、オックスフォード大では彼のために比較言語学（文献学ともいう）の学科が新設され、その教授ポストが与えられた。教授就任とともに英国籍を取得。また在任中の一八七五年からは講義義務免除という特例の身分を得ていた（松村一男、解説『比較宗教学の誕生』五八五頁）。特例はサンスクリット研究に集中するためというものであった（長田『新インド学』一二六頁）。

南条、笠原の二人がミュラーに師事したのは特例身分であった一八七六年のことであった。もっとも当初、二人はマックス・ミュラーからサンスクリットの初歩を学生マクドネルに学ぶよう指示された。

マクドネル

マクドネル（一八五四—一九三一）はゲッティンゲンのキールホルン、ライプツィヒのヴィンディッシュに学び、のちに師モニエル・ウイリアムズの跡を継ぎ、オックスフォード大サンスクリット学の教授に就任した。夫人は高名な中国学者レッゲの娘。『梵英辞典』（一八九三年）、『研究者のためのヴェーダ文法』（一九一六年）、『研究者のためのサンスクリット文法』（一九二七年）などの書がある（一九二四年には福島（辻）直四郎は高楠順次郎の紹介でこのマクドネルに師事した）。

マクドネルからの基礎学習を終え、二人はマックス・ミュラーの自宅で一日おきに教えを受けることになった。「隔日馬博士の家に通学せり」（南条『懐旧録』一三五頁）、「ミュラー博士の個人授業(private lectures)」（*Biographical Esseys*, p.198）とある。

南条らは浄土真宗が依って立つ『無量寿経』『阿弥陀経』の研究をめざしていた。留学三年目（一八七九年）にしてようやく、ミュラーがホジソン将来でロンドンの王立アジア協会に保管されていた『スカーヴァティーヴユーハ』つまり『無量寿経』を入手。『無量寿経』の写本はそのほかオックスフォード大図書館、ケンブリッジ大図書館、パリのアジア協会にも存在することがわかり、それら四本を校合して解読に取り組み始めた。

その頃（一八七三年）、日本から帰国したイギリスの宣教師エドキンスが『梵漢小語彙』をマックス・ミュラーに持参した（羽渓了諦「明治仏教学者の海外進出」）。これを見たマックス・ミュラーは日本にはほかにもサンスクリットに関する資料があるのではないかと留学中の南条らに調査を依頼した。

南条からの依頼を受けた日本側では同じ真宗大谷派の石川舜台らが奔走し、奈良、京都の古寺、具体的には法隆寺、唐招提寺、三井寺、石山寺、清涼寺、長谷寺、東寺、知恩寺などから写本断片を、また『阿弥陀経』、『金剛般若経』、「普賢行願讃」、『般若心経』についてはまとまった古写本を見い出した（中村元『東西文化の交流』）。

『阿弥陀経』の悉曇本は天台宗の円仁が入唐した折に中国から将来したものとみられている。円仁の将来目録に「梵漢両字阿弥陀経一巻」とあるからである。（現在『無量寿経』の場合、サンスクリット写本がアフガン、ネパールから三十八本見つかっているが、『阿弥陀経』については一本も見つかってない。チベット訳があるからサンスクリット本が存在したことは確かとされる）。南条らは日本に存在したこの悉曇本『阿弥陀経』をミュラーと解読したのである。

笠原の仏典研究

笠原のほうは大乗仏教でも中観派の龍樹、ドイツのカントの哲学、それにラテン語、フランス語にも関心を示していた。師のミュラーは語学としてのサンスクリットはむろん、当初二人が学習を拒否したパーリ語も学ぶべきだと勧告している。この点についてはミュラーが留学四年目の二人に宛てた（一八八〇年）手紙に、

ただ漢訳のものだけに時間をさいてはいけない。いまはサンスクリットをまなぶ時である。法顕、玄奘、義浄よりももっと学ぶ時である。サンスクリットとガーター（偈）方言にもっと上達したら、パーリ語を始めるべきである。だからイギリスにいる間に君たちがやるべきことはまだたくさんある（『南条文雄著作選集』第十、英文 p.2）。

と書いてある。当時すでにパーリ語で書かれた仏典は多数出版されていたし、サンスクリット仏典であろうと、そこに見られる偈（詩）の言語の大半は古典サンスクリットでなく、方言（プラークリット）が混在するため、その読解にはパーリ語の知識が不可欠だったからである。仏教教義の歴史的展開を見る上でも初期仏教の聖典、とりわけパーリ語で書かれた『法句経』などの聖典を読まねばならないということであろう。笠原はそれを念頭に置き、パーリ語『法句経』に対応する漢訳『法句譬喩経』『出曜経』の章立てを列挙した点は書信に残っている（『笠原遺文集』一二八—一三三頁）。

ホジソン、ライトらの持参した多数の写本がパリにもあり、二人は師に勧められて当地に赴いた。

一カ月間、『翻訳名義集』『仏所行讃』『金光明経』『入楞伽経』『法集名数経』『倶舎論註』（ヤショーミトラ）と、多くの写本を不眠不休で書写した。過度の仕事を察したミュラーは無理のないようオックスフォードからパリに手紙を送っていた。しかしながら笠原は体調をこわし、肺を病み、やむなく日本に帰国。熱海で療養を続けたものの、三十二歳の若さで没してしまった。

笠原研寿の死

マックス・ミュラーは早逝した笠原を偲び、『ザ・タイムズ』に次のように懇切な追悼文を載せて哀悼の意を表した。

　オックスフォードでの笠原の日々は単調であった。いかなる愉しみもなく、運動らしきもしなかった。煙草も吸わず飲酒もせず、小説、新聞すら読まなかった。来る日も来る日も何を見るわけでなく、私と研究仲間の南条以外、誰とも話さなかった。英語は正確に話し、書いた。いくらかのラテン語と少しフランス語を学び、若干のイギリスの歴史書と哲学書を学んだ。日本に帰国したらまことに有能であったにちがいない。というのは、ヨーロッパ文化の長所すべてを理解し得たばかりでなく、自国への矜持を保ち、西洋の単なる模倣者では決してなかったからである。彼の礼儀作法は完璧であり、無私の人にみられる自然なマナーであった。かれの性格は言い得るかぎりのすべてを長い間、観察してきたけれども、いかなく策略も見出すことができず、今までの四年間、オックスフォードの学生たちのなかで、この地味な仏教僧以上に純粋で気高い精神を保つ者がいるかと疑うほどである。仏教は、じつにこのような人を誇りとすべきであろう。

オックスフォードで過ごした最後の一年間、かれには体力気力低下の兆候が見てとれた。私は彼に医者に診てもらうよう忠告した。しかし彼は畏縮せず、冷静な声で「はい、私の国では多くの人が結核で亡くなっています」というのを聞いた。しかし彼はなんとか旅行が可能でセイロンでしばらく過ごし、何人かの学僧に会い、彼らと仏教が北と南に分かれるに至った相違を議論した。日本に帰国後、病いは急速に悪化した。研究を続けるのが不可能になったと不満げに懇切な数通の手紙を送ってきた。彼の感情の抑制には注目すべきものであった。

彼が私に暇乞いをした時、青白い顔つきはいつもどおり穏やかであった。私は彼の心に何が起ったのかほとんど読み取ることができなかった。しかし彼が辞去する際、しばらく道を行ったり来たりし、何度も私の家を振り返った。彼は私に言ったことがある、自分の生涯で至福の時を過ごせましたと。彼のためにもっとしてあげることがあった。

彼の最後の手紙には、自分の故郷では孤独だと不満が認められていた。「病人には」彼は書いている、「友はわずかしかおりません」と。こう記してからじきに彼は亡くなり、一八八三年七月十八日、東京で葬儀が執り行われた。

彼の遺稿が残されていたので龍樹に帰される仏教の術語集、『ダルマサングラハ』の出版の準備をしたいと思った。とはいえ良い結果を産み出すことができなかった歳月を思うと気が重くなるばかりだ。あの善良で聡明な仏教僧が日本の三千二百万の仏教徒の間で多くの功を遂行できたであろうという感はひとしおである。魂よ、安らかであれ。われわれは最後の年、モールヴェルンの丘から輝く夕陽を一緒に眺めたのをはっきり憶えている。西の空が黄色のカーテンのように、何もわからないように覆われた時、彼はこういった、「あれは光り輝く国土、スカーヴァティー（極楽）の東の門と呼んでいます」と。彼を愛し、彼が愛したすべての人とそこで会い、アミダ仏つまり無量の光を拝むのだと信じていた（Max.Müller.*Biographical Esseys* p・212-214）。

留学中、二人は師とともにオックスフォードから保養地モールヴェルン（ヴィクトリア女王も滞在）に行くことがあり、その丘の上で梵本『無量寿経』『金剛般若経』の翻訳、『金七十論』に対応する梵本を読んだ思い出まで記されている。笠原は熱海で療養中、この地はモールヴェルンのように容易に登れるところではないという内容の手紙をミュラーに送っている（ibid.p.225）。

笠原は六年にわたるイギリス滞在中、龍樹の『ダルマサングラハ』（仏教教理の定義集）の校訂をほぼ終えていた。笠原が没した後、ミュラーはそれを出版すべく最終的な校正、編集を助手ヴェンツェルに委ねた。

ヴェンツェル

ヴェンツェルはドイツ・マインツに生まれ、イエーナ、ライプツィヒ、テュービンゲンで学び、『リグ・ヴェーダ』にみられる具格について」の論文で学位取得。その後イギリスに渡っていた。彼はミュラーからチベット仏教は研究の宝庫と聞き、チベット学者イェーシケのいるザクセン州ヘルンフートに行き、『チベット語文法』第二版の出版の手伝いをしたことがある。一八八六年、『スフリレーカ―ウダヤナ王にあてた龍樹の手紙―』を仕上げ、ライプツィヒ大教授となったが、母の死後、再びミュラーのいるオックスフォードに戻っていたのである。

南条、笠原もオックスフォードでヴェンツェルとともに研究していた。『無量寿経』にはチベット訳があり、「此西蔵訳こそは吾人の得たる梵文と頗る符合するものの如し、但し予未だに西蔵語を解せず、予が学友なる独逸人ヴェンツエル氏曾て予が為に西蔵訳より讃仏偈及び願文を英訳して示せしに拠て、之を判じ得るなり」(『南条文雄著作選集』第五)と、ヴェンツェルに照合してもらっている。(ヴェンツェルは健康に恵まれず、多くが未出版のまま三十八歳で没した)。

笠原は富山県城端、大谷派別院の恵林寺の出身であった。石川舜台が本山から城端に赴任した際、笠原の才能を見出し、留学生に推挙したいきさつがある。笠原の死後、この別院前に三メートルにのぼる笠原の顕彰碑が建てられ、そこには時の大谷派法主現如が『無量寿経』の「常修梵行」から採った「梵行院」の戒名が刻まれている。

他方、留学中の南条はロンドン・インド省にあった黄檗版「大蔵経」(これは明治四年、岩倉具視らが欧州視察の際、寄贈したもの)を閲覧すると大変乱れた状態で保管されていることがわかった。ことにその『仏教三蔵目録』(The Buddhist Tripitaka)は、我が岩倉具視公からイギリスのインド事務省へ寄贈された黄檗版の『蔵経』(明蔵)の目録であるが、寄贈前我が外務省に置かれてある時分に、外務省の役人達が勝手に抜き出したりしたために、書冊の秩序がおそろしく乱されていた(『懐旧録』一四九頁)。

こうして南条は不揃いであった千六百六十二部にのぼる「大蔵経」を大幅に整理し直し、英文の典籍名、概要をまとめて目録を完成させ、それを学位論文として提出、受理されたのである。

ミュラーの仏教理解

南条、笠原二人の師であり、しかもその後の日本の宗教学界に大きな影響を及ぼすことになったミュラーは仏教をどのようにみていたか。ミュラーは一八八一年に「仏教」と題する論文を発表。その中でバラモン教と対比しながらブッダの立場を再現している（ミュラー「仏教」日野慧運訳）。

ブッダがカーストの支配体制を打ち破ってバラモンの特権を奪い、豪奢な王族の身分を棄て、徴税人や罪人らとの交わりを厭わずに乞食の旅をしたとき、多くの人びとが彼を見て力強い感銘を受けたはずだ。現在わたしたちが仏教について語るとき、わたしたちは特にその教義のことを考えるが、ブッダによる革新は元来宗教的というよりはるかに社会的な性質のものであった。ブッダはインド全土に絡みついたバラモンの網を取り払った。彼は古い宗教の改革者として出発し、そして新しい宗教の創始者となった。（略）ブッダはその体制を攻撃した。

一人の若い王子が、あらゆるカーストの人びとを自分の周りに集めたとき、バラモンたちを公開討論で打ち負かしたとき、バラモンの生活の糧である犠牲祭を無用なばかりか罪悪であると公言したとき、ごく些細な違反に対してバラモンたちがときに課す難行苦行や破門の代わりに、彼が公の場での罪の告白と再犯しないという誓いだけを求めたとき、やがてバラモンたちが独占していた潤沢な施しが新しい水路に流れ込み、何百何千という仏教の托鉢僧たちを養い始めたとき、おそらくブッダ自身がかつて思い描いたより多くのことが達成された。そして、人間の魂を悲惨と死への恐怖から解放する方法を思索していた彼は、インドの人びとを屈辱的な奴隷身分と聖職者による暴政から解放したのである（同訳、四九六―七頁）。

バラモンを頂点としたインド社会における仏教の位置づけについてはすでにフリードリッヒ・シュレーゲル（一七七二―一八二九）が仏教はカーストにもとづく社会体制、身分制度を攻撃したためにバラモン教社会から駆逐されたとみていた（ロジェ・ポル・ドロワ『虚無の信仰』島田裕巳他訳）。しかしながらミュラーの見解はそれと相反することが知られる。

大乗仏教についてでは仏教では当初、神を認めなかったのに、たとえば『法華経』では開祖ブッダは涅槃後も生きていて、信奉者の前に現われる、しかしブッダはバラモンが崇拝した絶対的存在としての神を否定していたのに、大乗ではブッダが神の地位に祀り上げられ、死後の楽園まで説くという具合に変貌してしまったとみていた。（五〇七頁）

マックス・ミュラーのその後

ミュラーが成した大きな功績は全四十九巻から成る壮大な『東方聖典』を企画編纂したことである。とりわけ大乗仏典に関しては二冊をあて、その一冊に『ブッダチャリタ』『般若心経』『金剛般若経』以外に、『無量寿経』『阿弥陀経』『観無量寿経』を集録した。このうち、『観無量寿経』についてはサンスクリット本が存在しないため、当初、収録するつもりはなかった。しかし日本の浄土系の宗派で「浄土三部経」の一つとして重視され、それに自分の許に以前に留学した高楠順次郎（彼の実家は浄土真宗）が英訳していて、経典内容も文体も明解ゆえ、躊躇しつつも採用したと記している。

大乗仏典のこの一冊の序では仏教にも南方仏教と北方仏教とは大きな差があるため、セイロン、ビルマ、タイに伝わる仏教を「仏教」、中国、日本、朝鮮に伝わるそれを「正しいさとり」(Samyak-sambodhi)もしくは「さとり教」(Bodhism ボーディズム)と命名している。欧州を歴訪した井上哲次郎がミュラーに会った際も、「南方の仏教は釈迦の正脈を伝ふと雖ども北方の仏教即ち西蔵支那朝鮮日本等に伝はる所の仏教は釈迦の教の真面目を伝へ来るものにあらずして全く耶蘇紀元後カシミール地方より伝播せしなるを以て宜しく菩提教(ボチズム)と称すべく仏教と称すべからざることを論弁せり」(『明教新誌』一八八八年十一月十四日)、としており、やはり南方仏教を「仏教」、北方に伝播した大乗を「さとり教」と表現している。「さとり教」という言辞はミュラーだけが大乗に対して適用する独特の表現である。

『東方聖典』のシリーズは中国文献からイランのアヴェスタまでを含む大部な叢書であり、中村元は「大英帝国らしい壮大なシリーズ」という。もとよりその完成に至るまでにはビクトリア女王の夫君でミュラーと同じドイツ人アルバート公(一八一九―一八六一)の援助があった。南条も、

しかしてその間先生の最もよき援助者としてオックスフォード大学名誉学長プリンス・アルバート親王があった。王はすなわち(クイーン)ヴィクトリヤ女王の夫君であった。かくてその一代の壮挙というべき『東方聖書』四十八巻が完成したのである(『懐旧録』一七七―八頁)。

と記している。

大英帝国の植民地であった東インド会社に派遣された高官は法律家、医者、牧師などが多くを占めた。オックスフォード大サンスクリット学の教授となったウィルソンは医者として二十余年滞在。ウ

ィリアムズも牧師の子としてインドで生まれ過ごしていたため、インドの国状を熟知していた。ところがミュラーはインドからの招待があったにもかかわらずインド行きを拒否し、ついに生涯一度もインドに行かなかった。ミュラーはその理由を、「インド文明、インドの宗教、上下五千年の歴史は、蔵して古サンスクリット文学にあり、赤土を踏み、黒人に接する、必ずしもその学問に結びつかず」「ショーペンハウエルはインドに行くことなく全ウパニシャッド哲学を知悉していた」（『高楠全集』第十二）「私のインドは実際のところ、表層にみられるようなインドではなく、幾世紀も下に隠れているインドなのです」（キッペンベルク『宗教史の発見』月本昭男、他訳）と公言していた。

一九〇〇年にミュラーが没すると、大英帝国のビクトリア女王みずからが哀悼の意を表した。『リグ・ヴェーダ』研究、『東方聖典』四十九巻の出版の功績を称えた。ちなみに女王の夫アルバート公はミュラーと同じドイツ人であり、オックスフォード大学名誉学長職でもあった。研究業績はむろんのこと、高楠順次郎によれば、「夜会の席、午餐の後、翁はみずから堪能なる音楽を弄し、もしくは父詩伯（補、ヴィルヘルム）の遺篇を吟じ、満座の客をしてその多能に驚かしむ」（『高楠全集』二九二頁）とあるし、死去を伝える『ザ・タイムズ』にも、「マックス・ミュラーの講義は世間の関心を集め、夕食のテーブルでのお決まりの話題だった」（『同全集』五八六頁）とあるほどの人気ぶりであった。

帰国後の南条文雄

八年間に渉る留学を終え帰国した南条は明治十八年（一八八五年）、日本初となる梵語講師として帝大に就任した。そのため住まいを京都から東京浅草の本願寺別院そばの宗恩寺に移した（その後、麹町、青山に転居）。

サンスクリット・テキストの校訂としてはすでに留学中、マックス・ミュラー指導のもと、南条の所属する真宗で重視する『無量寿経』『阿弥陀経』を出版。帰国後は『法華経』をオランダのケルンと共著で出版した。『法華経』に注目したのは大乗仏教を代表する経典で、フランスのビュルヌフが仏訳していたことが機縁となったのであろう。もっともケルンとの関係について、

ケルン氏と私との関係は、ずいぶんに古いことで、私がまだイギリスに留学していた当時、前述の『大明三蔵聖教目録』の編纂に際して『添品法華経』の序を英訳して、マックス・ミュラー先生に呈したことがあった。先生（補、高楠順次郎）はまたこれをケルン氏に送付せられて、ケルン氏はその『法華経』英訳中に、この私の訳文をしばしば引用せられているくらいで、同氏と私とは学術上の親交は実に久しいのであるが遺憾ながらついに直接面晤するの機会をえなかったのである（『懐旧録』一九一頁）。

と、直接会う機会はなかったものの高楠順次郎の仲介により、「私との共同事業として幾多の苦心を」（同）かさね、五年がかりで完成したという。

南条がそれ以外に取り組んだ写本に、『入楞伽経』（如来蔵とアーラヤ識の融合をはかった書）がある。この経に着目したいきさつはオックスフォード滞在中にネパール伝来の梵文に関する写本目録を繰っていた際に眼にとまったという。これは同じ真宗大学の泉芳璟と共著で一九二三年に出版した。

こうして南条が取り組んで出版したサンスクリット・テキストは都合、『無量寿経』『阿弥陀経』、

『法華経』『入楞伽経』、それに『金光明経』の五点にのぼる。また南条は留学中、師のマックス・ミュラーが日本に存在した『金剛般若経』『般若心経』『尊勝陀羅尼』の悉曇本を復元する際の共同研究者であったが、これも多大な功績である。

大学行政の面では真宗大学学監、学長を務めた。

帰国後は布教にも力を注ぎ、朝鮮、満州、上海にも出張した。仏跡を調査するためにインド、中国(天台山)、インドネシアにも赴いた。

当時、南条の知名度は一般にもきわめて高かったが、この点について大谷大の赤沼智善が次のように伝えている。

その当時は猶私の郷里の越後(赤沼は長岡出身)には汽車がなく、交通の不便な時代であったが、先生が伝道に御座ると云へば大変な騒ぎで、何処もかしこも聴衆堂に溢れて、門前には賑やかな売物店が出るやうな有様であった。今から思へば、先生は当時四十歳を二つ三つ出られたばかりの時代で、その盛名実に全教界を圧して、小学校に通い初めたばかり位の私共の小さな頭の中にも、先生は偉い人だといふことが強く植え付けられていたのであった(赤沼智善「為法不為身の先生」『南条文雄』)。

伝統的な説教を聴いていた人びとにとって、英国帰りで大学教授とはいえ、堅苦しくなく新鮮な内容だったのであろう。

座右の銘を「為法不為身」とした。これは宋代の仏教者契嵩のことばで、「閲蔵の際、私の感激」(『懐旧録』三二一頁)したものという。研究、伝道のいずれであっても自分のためでなく、仏法開顕のためというものである。

現存する写真からみると、若い頃は精悍、晩年は厳父のごとくいかめしい容貌にみえる。しかし布教、講演に際しては、「澄んだ朗らかな上品な大声」（桜部建、『懐旧録』解説）で、人柄も「師性謹厳にして温厚、曾て人と諍はず」（『望月仏教大辞典』「文雄」の項）とあるから、そうした点からも人気の的だったのだろう。桜部建は、「寺門に対する忠誠」「宗義や師父の言に対する篤い信奉」（同、解説）の人であったとする。

オルデンベルク

オルデンベルク（一八五四―一九二〇）はハンブルクで生まれ、キール大、ベルリン大を経て母校ゲッティンゲン大教授に着任した。インド最古の聖典ヴェーダから仏教に至る幅広い研究により、のちにとり上げる高楠順次郎はインド研究の上で「一新紀元を開きたる人」（『ブッダ』序）という。とりわけ仏教に関する大きな功績といえば、ブッダは実在した人物と論証した点である。ブッダが神話的存在でなく実在したことについてはすでにマックス・ミュラーも予見していたものの（ミュラー「仏教」、四九六頁）、その後のオランダのケルン（一八三三―一九一七）は神話的存在、フランスのセナール（一八四七―一九二八）は太陽を擬人化した人物とみていた。それに対し、オルデンベルクは一八八一年、『ブッダ―伝記・思想・教団―』を出版し、その中でブッダは歴史上実在した人物と論証したのである。論証の手がかりとしたのは、一、パーリ語聖典の言語にはインド最古の聖典ヴェーダの遺風がみられ、サンスクリット仏典より古いこと。二、弟子の入門に際し三帰依文、罪を犯し

た際の懺悔式などの規定があるのは明らかに師を中心とした集団生活を前提としている。三、ブッダの説く教え、弟子への呼びかけ、禁欲行を説くことなどからみて、師は単なる想像上の一賢者とは思われない。四、ブッダの生まれ故郷カピラヴァストゥ、悟りの地ブッダガヤ、入滅の地クシナガラなどはいずれも実在する地域であること。五、有力外護者、最初と最後の弟子なども実在したとみるべきである。とりわけパーリ語『涅槃経』にみられるブッダ臨終の際の師と弟子の対面場面からは「温かい息吹」が伝わってくる、というものである。

オルデンベルクがこのように実在を論証した背景には一、イギリス人ペッペが一八九八年、ネパールとの国境に近いピプラーワーにある自邸の庭を掘ると、そこから「シャカ族の仏・世尊の」（中村元『ゴータマ・ブッダ』Ⅱ、四三六頁）と刻まれた骨壺が出土したこと。二、ヘルマン・ヤコービ（一八五〇―一九三七）がジャイナ教の祖マハービーラは実在の人物と論証したこともあったと考えられる。改めていうまでもなくブッダもマハービーラも同時代人であり、その外貌、隠者、宗教者のありかたのいずれも同様だからである（拙著『荻原雲来と渡辺海旭』）。

オルデンベルクはパーリ文『律蔵』も校訂し、当時の僧院でのブッダのある一日の行動を再現した。

ブッダやその弟子たちの家郷のない遍歴生活のなかに家郷というものがあり得たとすれば、まず竹林精舎と祇園精舎とをそれとみるべきで、いずれもインドの大中心に近く、しかも都会の雑踏に煩わされず、元来は王候貴族の閑静な安息所であったが、黄衣の修行僧が移り住んで「在不在を含めて四衆の教団」として王領の支配者たるに至ったのである。これらの庭園には、修行僧たちの住処や家屋、講堂、大広間、倉庫などがあり、それを取り囲んで蓮池もあれば、香り高いマンゴーの樹もあり、他の樹木を超えて高く聳える棕櫚の木もあれば、緑の濃いニヤグローダの樹もあり、その高い枝から垂れ下がった根は新しい幹となり、蔭の深い涼しい広場をつくり、緑葉で蔽った歩道を作って人を静寂な瞑想に招いているように見える（木村・景山訳一三四頁）。招待されてその方へ行かねばならない必要のない日は、ブッダも修行僧のならわしに従って町や村を托鉢して歩くのを常とした。ブッダも弟子たちと同様に、朝早く東が白むとともに起き出して、朝の時間を精神的修養や弟子たちとの談話で過ごし、それが済むと従者を連れて町へ行く。その名が大いに挙がって、インドの全土を通じて第一流の人物と数えられるに至った後も、この人物、もろもろの君主をもその前に跪かせたこの人物は、毎日、毎日、あい変らず鉢を手にして町から町へと歩きまわり、別に乞い願う言葉を発するでもなく、眼を附せ首たれて立ち、一片の食物が鉢の中に投ぜられるのを黙々と待っていたのである。托鉢して帰って来、食事をすますと、ブッダはインドの気候の命ずるところに従いしばらく退いて安息する。ブッダは密林の涼蔭を好んだが、そうした涼蔭か、さもなければ閑静な部屋のなかに退いて孤寂の静観に耽りつつ午後の蒸し暑いひっそりした時間を夕方まで過ごし、焦熱の夏には睡眠をもとり、夕方になると敵や味方の騒々しい押し合いへし合いがブッダをその「尊い沈黙」から呼び覚ますのである（同訳一三七頁―八頁）。

ここに示された精舎の描写は、いま眼前にブッダと弟子たちがそこにいるかのような印象を与え、秀逸である。

オルデンベルクがキールにいた頃、彼に師事した人に高楠順次郎、姉崎正治（後述）がいるが、この書を日本語訳したのは高楠である。その後も木村泰賢が初期仏教の分野を代表する研究書とし、高楠訳で削除された註釈部分を含めて再訳した。パーリ文『律蔵』はその後の教団史研究に決定的な影響を与えている。

藤島了穏・藤枝択通

真宗大谷派の南条文雄がイギリス留学中の明治十五年（一八八二年）、真宗本願寺派では藤島了穏、藤枝択通の二人をフランスのシルヴァン・レヴィ（一八六三―一九三五）のもとに送った（その際、漢訳『縮刷蔵経』全巻をフランス・アジア協会に寄贈）。藤島了穏は九年滞在し、『十二宗綱要』を仏訳し『日本仏教―日本仏教の十二宗派の教義と歴史』と題してパリで出版。そのほか七世紀の義浄のインド滞在記『南海帰寄内法伝』（ナーランダー寺院の僧院生活を描いたもの）も仏訳（部分訳）した。インド人は伝統的に歴史書を書くことがなかったが、こうした中国のインド巡礼者たちによる記録はそれぞれの時代の中央アジア、インドの仏教を知る上できわめて重要であり、ヨーロッパのインド研究者たちはそうした旅行記の漢訳からの翻訳を切望していたのである。すでに一八三六年にはレミュザが『高僧法顕伝』を、ジュリアンが『大唐西域記』をそれぞれ仏訳（一八五七―八年）していたが、いまだ手つかずであったのが義浄のインド滞在記であった。

シルヴァン・レヴィ

藤島了穏、藤枝択通の師シルヴァン・レヴィはインドの文学、戯曲研究から出発し、一八九七年には直接写本入手を願い、インド、ネパールを訪問した。二度目（一九二〇年）の訪問の際には大乗唯識学派の無着の『大乗荘厳経論』、世親の『唯識三十頌』『唯識二十論』、あるいは『倶舎論本頌』『現観荘厳論』、安慧『中辺分別論釈疏』といった仏教史上、きわめて重要な写本を含む四百本を入手した。もっともシルヴァン・レヴィがこうした重要な写本を入手し得たのは、高楠順次郎によれば、

「此の国（ネパール）の宰相でチャンドラ・シャムセールという人があります。この人と親しく交られて、その親交の結果、特別の便宜を得られ」（『高楠全集』第十、四二頁）、あるいは「かくのごとき研究の時代にふさわしき大発見が君に恵まれるゆえんは、疑惑の眼をもって見つつありしバラモン学匠が君の誠意と友情とに感じ」（『同全集』同、三一〇頁）ためという。レヴィ自身は写本の存在について、いったいに「ネパールは梵

語仏典を自国の渓谷内にむなしく蔵していたにすぎなかった」(『仏教人文主義』山田龍城訳、一三頁)という。そのほか、中央アジア探検隊が入手したサンスクリット断片を漢訳と対比して『雑阿含経』と特定したり(ベルリンのピッシェルもパーリ文と対比してこの断片を研究)、パーリ語、サンスクリットはマガダ語由来の言語としたり、現存するパーリ聖典は北伝のサンスクリット仏典より古いという見方に疑問を呈し、どの聖典も世紀前後の同じ頃に編纂されたとした(中谷英明『東洋学の系譜』九八頁))。レヴィは漢文にも造詣が深く、戒日王作とされる漢訳『八大霊塔梵讃』(ブッダの生涯での八大遺跡の讃歌)をサンスクリットに復元(還梵)した。これはのちに榊亮三郎がチベット訳と対照し、完璧に近い復元だと驚嘆している(『榊亮三郎論集』)。

シルヴァン・レヴィは日本に三回来訪し、とりわけ慈雲尊者(一七一八―一八〇四)編集の『梵学津梁』、梵漢辞典『枳橘易土集』『悉曇三密鈔』『悉曇字記捷覧』などに注目した。三度目の来日は日仏会館館長としてであり、二年の滞在中、東大でインド仏教(亀茲国語(クッチャ語)など)を講義した。昭和三年(一九二八)、増上寺で開催された送別会は仏教音楽を愛でるレヴィにふさわしく、宮内省の雅楽もあり盛大であった。渡辺海旭は漢文に堪能なレヴィに次の送別の詩を捧げたほどである。

送禮美博士帰佛蘭西

義林鴻業布英芬。唯識荘厳発秘文。緑樹薫風皈路泰。東西自仰不窮勳

高楠順次郎

藤島、藤枝に次いでヨーロッパに留学したのは高楠順次郎（一八六六―一九四五）である。一八九〇年、高楠はオックスフォード大に入学。インド学のマックス・ミュラーに就き、サンスクリット、パーリ語を学ぶ。卒業後、ドイツに渡り、キールでオルデンベルクからヴェーダ、パーリ語、ドイセンからはギリシャ哲学、ウパニシャッドを学ぶ。その後、ベルリンに移り、フートからチベット語、蒙古語、ウラル・アルタイ語、ライプツィヒではインド・ヨーロッパ語、哲学史、さらにフランスに渡ってシルヴァン・レヴィにも師事した。

高楠は早逝した笠原研寿に代わる「第二の笠原」という南条文雄からの紹介状を持ち、笠原が手がけていた義浄の『南海帰寄内法伝』の英訳（飲光の註釈を参照）を続行し、前述した『観無量寿経』の英訳もした。そのほかパーリ仏典と対応する漢訳つまりパーリ律の註釈『サマンタパーサーディカー』と『善見律毘婆沙』、あるいは『ミリンダ王の問い』と『那先比丘経』があると発表し欧州の学会を驚愕させた。

帰国後、帝大初代の印度哲学教授に着任した。高楠の最初の授業を受けた宇井伯寿がその様子を伝えている。

先生は、その時ちょうど数年間の英国滞在を終えて帰られて最初の授業であった。梵語は先生の梵文学教科書が用いられたが、冒頭に葡萄棚の文字でナラ王物語があった。われわれは文字を知らないし、もちろん発音もなにも皆目しらないのに、「読んでやるからみておれ」ということで、読んでくだされたが、どこをどう読んでいられるのかわかったものでない。そこで、多分一字一字これがこう、それがそうと、手を取って教えられたのであろうと思われるが、次には訳をしてくださった。二時間で二行一頌を読み終って、「次回は調べてこい」という始末。字が読めない上に、名詞の語幹、動詞の語根の調べようがなく、文法も全くわからない。次回の授業の前夜には数人が集まって、準備したものを持ち合って相談するのだが、わかるなどというところまでには到底いかない。それでも、先生は次回からは読んでくださらなくて、「読め！」である。爾来数年間、先生は自らは梵文は読んでくださらない。黙って聞いていて、注意や教訓を与えられるだけであった。これが先生の梵語教授の御方針であったのか（「高楠先生の授業の思い出」）。

ただ宇井は「手を取るほどの親切はかえって親切でない」ことがのちにわかったと付言している。高楠は未知の写本入手のためにネパールに赴いた。しかし入手に当たっての方法はシルヴァン・レヴィがネパール王室の厚遇により所望する写本を次々と探し出してもらったのに対し、「禁ぜられているのを潜って村々を廻って買い集める、という具合」（「レヴィ博士を悼む」四二頁）だったと伝えている。

高楠は自身が薫陶を受けたイギリスのマックス・ミュラー、ドイツのドイセン、オルデンベルクの三人を対比してそのおもかげを伝えている。

氏（オルデンベルク）はわずかに六十、資性いたって厳粛、人と相対していやしくも語らず、子弟を導くに諄々として倦（う）まず、マックス・ミュラーの温雅なきも、ひとたびその厳容に接して教えを受ければ、纏綿去るあたわざるの思いあらしむ。ドイッセンの快活なきも、その博綜貫練雄弁に会すれば、おのずから千載不磨の真理に逢着せるの感あらしむ」（「明治仏教に影響を与へた西洋の仏教学者」）。

そのほかの高楠の仕事に『リグ・ヴェーダ』『ウパニシャッド』『バガヴァッドギーター』、それに七世紀のハルシャ王（六〇六―六四七統治）の著した戯曲『ナーガーナンダ』それぞれの日本語訳がある。『ナーガーナンダ』はインド文学史上、七世紀とよほどあとの時代の戯曲である。高楠があえてそれに着目したのは英訳に取り組んだ義浄の『南海帰寄内法伝』に、

戒日王は雲乗菩薩が身を以て龍に代わる事を取りて、緝（あつ）めて歌詠を為し、奏して絃管に諧（かな）い、人をして楽を作さしめ、これを舞い、これを踏みて、代に流布せしむ（大正蔵五四、二二八上）。

とあり、この戒日王とはハルシャ王であること。偉大な巡礼僧、大翻訳家玄奘（六〇〇―六六四）がインド滞在中、実際にハルシャ王に謁見していたこと（大正五一、八九四下―五上）。それに高楠より三歳年長のシルヴァン・レヴィがハルシャ王作と伝えられる戯曲だけでなく、戒日王作の漢訳『八大霊塔梵讃』（ブッダの生涯にちなむ遺跡の讃歌集）をサンスクリットに復元（環梵）したことにも触発されたと考えられる。

さらに高楠の大きな功績は国内のサンスクリット学者を動員して『ウパニシャッド全集』を編集したり、渡辺海旭、小野玄妙と『大蔵経』八十五巻の企画刊行、パーリ仏典の日本語訳叢書『南伝大蔵経』と次々に出版したことである。いずれも大事業であり、『南伝大蔵経』刊行の際には五十人以上のインド学者を動員し、昭和十六年（一九四一年）に全七十冊が完結した。なおこの翻訳事業からは当時のインド学者の大半がサンスクリットばかりでなくパーリ語に長じており、すでに日本のパーリ

語研究のすそ野が大きく広がっていたことまでが知られる。

高楠はこのようにインド学、仏教学全般にわたる文献研究、翻訳出版を推進し、この時代のリーダー的存在であった。仏教精神にもとづく女子教育にも力を注ぎ、武蔵野女学院（現、武蔵野大）を創設。人となりについては宇井伯寿が「英国紳士タイプの実にスマートな御様子」とし、「時々雷を落とされた」（干潟龍祥「高楠先生の憶い出」）こともあったという。

常盤井堯猷

高楠に次いで欧州に留学したのは真宗高田派（三重県津市一身田）の常盤井堯猷（鶴松、一八七一―一九五一）である。常盤井堯猷は華族（近衛家）の生まれで、兄（長兄篤麿はのち学習院院長、貴族院議長）と弟がドイツに留学していたため、自分も十四歳の時からドイツ留学を希望し、ギムナジウム（高校）を経てシュトラースブルク（現フランス、ストラスブール）大に入学した。インド学の師はエルンスト・ロイマンであった。ロイマン（一八五九―一九三一）はジュネーブ、チューリッヒ、ドイツではライプツィヒ、ベルリンで学び、二十三歳でジャイナ聖典 Aupapatika-sutra の研究で学位を取得した。オックスフォードのモニエル・ウィリアムズが『梵英辞典』の改訂版を出版する際にはその協力のため当地に一年半滞在した。その後、師アルブレヒト・ヴェーバーの推挽によりシュトラースブルク大助教授に就任し、国籍をスイスからドイツに換えた（第一次大戦が始まるとともに、難を逃れて南ドイツ・フライブルクに移った）。

ロイマンは仏典研究の上で必要な語学として右手にサンスクリット、左手にパーリ語と、双方の習得を課した。「労作は人生を美味にする」がモットーであった（『荻原雲来文集』七九頁、手紙）。頗る面倒見のよい人であったことはその後、師に学んだ多くの日本人留学生たちが伝えるところである。

常盤井は明治十九年から明治三十二年まで計十四年滞在し、アヴァダーナ文献（インド仏教説話）のテキスト校訂により学位を取得した。氏のドイツ留学時代、高楠順次郎もイギリス留学中で、二人は盛んに手紙でやりとりをした。現存するものは高楠の書いたものだけであるが、五歳年長であった高楠はサンスクリットとともにパーリ語も学ぶべきとか、「国がため、法がため御勉学」をとか、帰国後の報告会の内容まで細かく指示している（常盤井慈裕「専修寺二十二世法主堯猷と高楠順次郎の交遊関係について」）。常盤井帰国の際には香港まで随員が赴き、新橋駅到着時には片手にステッキ、もう一方に数珠といういでたちであった。高田派をはじめ、本願寺派、大谷派それぞれの法主、徳川家、高田派講中、それに夥しい数の信徒が出迎えた。本山のある津市一身田到着時には花火まで打ち上げられた。その後、常盤井は高田派法主の身のまま、京都大でサンスクリットの教鞭を執った。

「初期仏教」の確立と大乗仏説非仏説論争

デンマークのファウスベル、アンデルセン、チルダースといったパーリ学者、イギリスのリス・デヴィズ、ドイツのオルデンベルクらによって従来霧に包まれていた「初期仏教」という新分野が開拓された。

同じ頃、日本でも大乗仏教は仏の直説かどうかという大きな論争が起こった。すでに江戸期に富永仲基（一七一五―一七四六）が大乗非仏説を打ち出してはいたが、近代になってこの説を再燃させたのは姉崎正治である。『仏教聖典史論』（一八九九年）には次のようにある。

思ふに仏教思想の非科学的なるは、其大乗仏説論を以て最となす。

ヨーロッパでパーリ仏典を扱うリス・デヴィズ、マックス・ミュラーらが初期経典に比べ、大乗経典は「仏説」とはいえ、空想力豊かに描かれる点で違和感を持っていたことも背景にあったと思われる。

のちに東大教授宇井伯寿は大乗非仏説論争を回顧し、「明治末年頃には已に一般的に承認せられたといへる」とし、仏教者はそれならばブッダの教えをどこに求めるかが重要な問題となり、「パーリ語の講読が盛んになって、セイロンに伝はる三蔵が漸次読破せられるに至り、シナに訳されている阿含経との対照が行はれ、其一致平行する所が驚くべきものであったから、これが即ち仏説を伝へて居るものとして、大いに安心するを得た如き状態であった」（略）。

「しかるに大正の半頃になると、シナ訳とパーリ語との阿含経の比較研究も精密になり、言語としてのパーリ語の考察も進んで来て、従来いわれていた一致平行も予想ほどではなく、又パーリ語も果たして釈尊の用いた言語そのままであるかは問題であるし、しかも経の叙述そのものが、説法をそのままに伝えているとは認められないし、言語に歴史的変遷のあることが考えられるに及んで、遂に小乗経典非仏説の考も起こり、また小乗仏教研究の結果は小乗教理非仏説も拒むを得ない傾向となった」（「仏教経典史」九頁）と、パーリ語聖典といえども仏説そのものではないとまで議論が進んだとした。

姉崎正治も「漢訳阿含経中には多少パーリニカーヤよりも源泉に近き材料を有する者あり」(『現身仏と法身仏』序論)と、漢訳にもブッダの直説に近いものがあるとした。

宇井はこの論争を「昭和の時代に入っては仏説、非仏説の論は、大乗に関しても小乗に関しても、経典教理何れの方面に於ても、もはや論ぜられるが如きことはなくなったやうである」(同、九頁)と総括している。原典研究が盛んになったことに起因する大きな出来事の一つであった。

荻原雲来

一八九九年、常盤井堯猷帰国の半年後、浄土宗の荻原雲来(一八六九―一九三七)がシュトラースブルクのやはりロイマンのもとに向かった。十歳で仏門に入った荻原は東京浄土宗支校から本校に進み、そこで出講していた高楠順次郎から梵語の講義を受けたのをきっかけに梵語研究を決意した。常盤井と同じロイマンに師事することになったのはこの高楠の紹介による。出発時、師僧荻原雲台のはなむけのことばは「持戒堅固であれ」の一言だけであったという。

ドイツでの荻原は下宿にいなければ大学の図書館にいるというほど、勤勉であった(博士取得記念論文集)。荻原は出発時に『縮刷蔵経』を持参していた（ロンドンには岩倉具視らが寄贈した同書あり）。ロイマンは写本断片やサンスクリットに対応する漢訳があるかを知るために週に二、三回も荻原の許に来ていたため、その光景を目の当たりにした日本人の留学仲間（医者）はどちらが先生かと思ったほどと伝えている。二人は生活態度までよく似ていたとの言い伝えまである。

荻原雲来は留学中、写本調査のため一度だけドイツからイギリスに赴いたことがある。その際当地で、インド学者ベンドールと親交を深めた。

荻原は留学期間を当初予定の四年から二年延長し、『瑜伽論』菩薩地の校訂本を仕上げ、シュトラースブルク大から学位を取得し（出版、一九〇八年）帰国した。

帰国後、宗教（大正）大学教授となり、従来の仏教学研究室とは別に聖語学研究室を立ちあげた。その理由は原典の基礎的研究と国際的学術貢献のためとした。

学校行政に関しては短期間であったが、芝中学校長、淑徳学園校長を歴任した。

研究分野は原始仏教（パーリ語『法句経』、原始経典）、部派仏教（『倶舎論』注釈書）、大乗中観派（『現観荘厳論』）、大乗唯識派（『瑜伽論』「菩薩地」）と、いずれもテキスト校訂、翻訳を主とし、インド仏教の屋台骨となる分野をあますことなくカバーした。

また『梵和大辞典』を企画。これはベートリンク・ロート編纂の『サンスクリット大辞典』全七巻を範とした壮大なものであった。当時宗教大学では荻原と同期の望月信亨が学界の総力をあげて仏教大辞典を編纂中（のちの『望月仏教大辞典』）であり、龍谷大でも『仏教大語彙』（六巻）、織田得能も『仏教辞典』の出版を進めていた。もとより一朝一夕に完成し得るものでなく、最終的な完成は荻原没後の昭和五十三年であった。

荻原は師ロイマンから「ドイツの学風を会得し、私の学問をすべて吸収したあっぱれな学者」と絶賛され、「菩薩」とまで呼ばれていた。また「前人未到」「超人的」（山崎良順）、「日本の仏教界の国宝的人物」「世界の仏教学者の重宝」（神林隆浄）、「生き字引」（矢吹慶輝）と評された。

ベンドール

ロンドン生まれのベンドール（一八五六―一九〇六）は荻原より七歳年長。ケンブリッジ大でカウエルに就き、古典学、サンスクリットを学び、さらにドイツ・ゲッティンゲン大学のベンファイに師事し、ヴェーダ、ゼンド語、アヴェスタを学んだ。一八八三年、ホジソンそれにライトが蒐集した写本類を整理し、『ケンブリッジ大学所蔵、仏教、サンスクリット写本目録』として出版した。

ベンドールは一八八四年から五年にかけて写本調査のためネパールに赴き、旧王室から約五百部の梵文写本を入手した。帰国後の一八八五年、ロンドン大学サンスクリット語教授に就任。一八九八年から九九年にかけ、再びネパールに赴き、さらに約九十部の写本を入手。それらを整理して一九〇二年、『大英博物館所蔵、サンスクリット、パーリ語聖典目録』を出版した。

ベンドールは入手した写本の中にインドから失われたパーリ語の律典断片を発見し、その驚きを一九〇二年にハンブルクで開催された第十三回東洋学者会議で発表した。席上、幻灯を用い、九世紀頃、北インドで流布していた写本と発表した（パーリ語文献学のフォン・ヒニューバーはこの写本に関して、九世紀に書写された古いパーリ語写本であるものの、なぜネパールに存在したかは不明とし、おそらくセイロンの巡礼僧が持参した可能性があるという）。

一九〇一年にはロンドンの「アジア協会雑誌」にネパール発見の Sikṣāsamuccaya について発表。この論文を読んだ荻原はそれが漢訳『大乗集菩薩学論』に対応するとわかり、「異点を指摘し氏に送」（荻原雲来「仏教梵語界の一恨事」）った。これをきっかけとして二人は相知の仲となり、「一葦帯水を隔たる彼地（ケンブリッジ）に送るを例と」し、再三、二人は書信を取り交わすようになった。翌一九〇二年、かれは Sikṣāsamuccaya をロシア・ペテルブルクで創刊された *Bibliotheca Buddhica* 叢書の第一巻として出版したが、文字どおり荻原による貢献が大きかった。この出版について荻原は「氏が一生の大業なり」という。一九〇三年、ベンドールはカウエルの後継者としてケンブリッジ大サンスクリット語教授に就任した。

ベンドールが教授となった年の十二月に荻原はケンブリッジ大学所蔵の写本調査のため、指導教授ロイマンの紹介状、さらにベンドールからの所望もあって（「同大学教授セシル・ベンドール氏は生（荻原）の渡英を促し来たり」（『荻原雲来文集』五六三頁））、ケンブリッジに向ったのである。（その際、荻原は日本（浄土宗当局）に出張依頼状を出し許可を得ている）。さっそくケンブリッジでライトが将来した写本の中から百四十四葉（欠葉八九）、目録に不明と記載されていたものを『瑜伽論』「菩薩地」と特定したのである。

前年夏剣橋大学書庫の仏教梵文目録を検し、計らずも瑜伽菩薩地の梵文あるを知る。該目録著者は其の何の書たるを知らず、唯だ巴梨仏典に見る仏教学語の其中に含有せらるること、且六波羅蜜中の戒波羅蜜の部分を見、其の書は律蔵及び阿毘達磨の要用の者なるべき事を推測せり。されど編者の挙げたる品名は正しくゆが菩薩地の品名なり。是に於て余は其の同本なることを知れり。此はライト氏尼波羅にて得たるものにして貝葉にて百四十四葉あり（「梵文瑜伽論」）。

荻原は二カ月の間ケンブリッジ大学図書館に「毎日登館」「日々書写」（『荻原雲来文集』五八三頁）し、ベンドールと親交を深め大いに歓待された。

寄食すること数日、歓待頗る至る、氏頗る音楽を好み、夫人亦能奏し能く詠ず、あるいは茶会に或いは饗宴に招かること数しばなり。

荻原はベンドールから茶会や華やかな宴会にまで招かれ、夫人の歌まで聞いている。ベンドールは大乗仏教を集中的に研究し、ベルギーのドゥ・ラ・ヴァレ・プサンと『瑜伽論』「菩薩地」の「要項」、次いで『十地経』の出版を予定していたが一九〇六年、六十歳で没してしまった。ベンドールについては高楠順次郎が「大乗仏教の研究において多大な貢献をなした人」とし、「不幸にして（略）教えを受けたものはなかった」（「明治仏教に影響を与へた西洋の仏教学者」）と回想している。しかし荻原にとってはひときわ思い出深い学者となった。

渡辺海旭

渡辺（一八七二―一九三三）はドイツに留学（一九〇〇年）する三年前に、日本で二つのサンスクリット写本目録、つまりインドのラージェーンドラ・ラーラ・ミトラ作成の *Sanskrit Buddhisit Literature of Nepal* 1882、それにカウエルとエッゲリンクの編集に成る Catalogue of Buddhisit Sanskrit Mss in the possession of the Royal Asiatic Society .in *JRAS* 1876 を閲覧していた。また、

イギリスの図書館に『大般若経』（八千頌般若経）、『十地経』『三昧王経』『入楞伽経』『法華経』『普曜経』『金光明経』『悲華経』『賢劫経』『如来秘密経』『孔雀王経』という大乗経典、それに密教のサンスクリット原本があることを知り、「奮って聖典原典の研究に従事せよ」（『壺月全集』下）と題する論稿を発表した。そこではそれぞれの宗派に属する学徒はこうした仏典の原典研究に従事すべきと提言している。渡辺は留学前からこうしたセンセーショナルな論稿を執筆し意気軒高であった。

渡辺は荻原雲来出発の半年後、同じシュトラースブルクのロイマンのもとへ向った。留学時代の渡辺の動静（拙著『荻原雲来と渡辺海旭』）について同宿した荻原が次のように述べている。

君の性甚だ任侠に富む。同朋の衣食に窮するものあるときは率先して救済の途を講じ、或は帰国の旅費を与ふるの類なり。故に君の恩に感ずるもの少なからず。又君は人を款待交驩すること切なり。新来の本邦学生にして君の恩顧を蒙らざりしものは稀なり。或時は誘ふてストラス堡郊外なる橙園（オランジェリー）に杖を牽き、群芳研を競ふ中に麦酒の杯を勧め、風薫る涼蔭に倶に葡萄の芳醇に酔ふ。みなこれ異域望郷の旅情を慰むる一手段たり。医師、文学者、教育家、軍人、記者等公私の諸氏、交友の親附せるもの甚だ多し。（略）君は苟も余暇あらば、沿道各地を訪ひ、足跡を印せざる無く、見聞を博くし、交際を繁くし、広く社会相を視察し、新知識を納れ、以て帰朝後活躍する素因を蓄積したり（荻原雲来『荻原雲来文集』、三五一三七頁）。

渡辺は無私の姿勢を保ち、欧州社会にあってその動きを深く観察していたとし、さらにこういっている。

渡辺君の智解は、猛火の炎炎たるが如く、猛利にして勇鋭、踊躍して瞬時も止まらず、才気横溢して、博く渉猟せんとす。故にロイマン翁の慇懃懇篤なる干渉には却て辟易せしこと一再ならず。駿馬の槽櫪の間に困惑するの概ありき。両氏（補、ロイマンと渡辺）は是の如く風格を異にすれども、君の旺盛なる知識欲、細心の注意、進取の気魄、鬱勃たる研究心は、師の言辞を少しも忽緒にせず、悉く取り納れて、巧に自家薬籠中のものとなせり。

才気煥発、それに貪欲な知識欲ですべてを吸収していたという。ドイツ音楽、文学に心酔し、キリスト教の布教調査、あるいは牧師の家にまで宿泊したりするほど闊達だったという。

中央アジア探検隊

渡辺が留学中はイギリス、ロシア、フランス、ドイツ、日本各国による中央アジア探検隊の発掘の渦中でもあった。中央アジア（西域）をめぐっては、一九世紀以来、ロシアと大英帝国が領土拡張をめぐって思惑が交叉していたのである。ロシアはカスピ海からシルクロード、サマルカンド、タシュケント、さらにパミール高原、チベット北方の山脈にまで急速に版図の拡大をもくろみ、インドの覇権をめぐってイギリスと睨み合いを続けていた。

河口慧海（後述）によると、「ロシアは確かに北方から南下してチベットに侵入しようと目論見つつある。その侵入の目的はチベットの乾燥な土地を治めるのが目的でない事は明らかであって、この天然の金城鉄壁ともいうべきヒマラヤ山脈を前にして居るチベット国、即ち天然に万里の長城を形造って充分に地の利を得たるところの国に指を染めるというは、つまりそのヒマラヤの南の麓の在る世界の富源地、即ちインドの国を征服したいという目的に出ずることは言を俟たない。」（『チベット旅行記』下、二二六頁）と見抜いている。

一八八〇年代になると、清にとって脅威となったのはロシア、イギリス以外にフランス、日本が加わった。清はすでに一八四〇年から一八四二年まで、一八五六年から一八六〇年までの二度にわたるイギリスとのアヘン戦争、一八九四年からは日清戦争などにより大きな痛手を負っていた。そのため辺境というべき中央アジアの統治どころではなかった（一八九七年、ドイツは山東省の膠州湾を占領、ロシアは旅順を占領。一八九八年、フランスは広州湾を租借、イギリスは九龍を租借）。

こうして清の統治が及ばない中央アジアにイギリス、ドイツ、フランス、ロシア、日本の探検隊が入っていったのである。一九〇〇年―一九〇一年にイギリス（隊長オーレル・スタイン）、一九〇二年―一九〇三年にはドイツ（グリュンヴェーデル、ル・コック）、フランス（ペリオ）、スウェーデン（スヴェン・ヘディン）らが続いた。フィンランドも一九〇七年、軍人マンネルハイム（のち大統領）がペリオの部隊に加わった。そうして日本の大谷光瑞率いる大谷探検隊もこれに参入していた。

ドイツ探検隊が入手した写本類はベルリン民族博物館、あるいはベルリン大学、それにシュトラースブルク大のロイマンのもとに届いていた。渡辺は師のロイマンとともにこうした写本類の解読に従事したのである。ドイツ探検隊が発見したサンスクリット写本類の解読に日本人で唯一参加し、活躍したのは渡辺である。彼はベルリンに赴いた際、ドイツ探検隊を率いた隊長のグリュンヴェーデル、ル・コックとも直接面会している。

渡辺は多数の出土写本をどの仏典の原本かを同定したり（古宇田亮修「文献学者としての渡辺海旭」）、コータン語の『理趣経』写本の解読も行なうというきわめて困難な仕事を遂行した。自身は「普賢行願讃」の研究で学位を取得した。

大谷光瑞（一八七六―一九四八）

渡辺海旭、姉崎正治がドイツに出発した一九〇〇年、真宗本願寺派の大谷光瑞（のち西本願寺第二十二代）がデンマーク、イギリス、フランス、オーストリア、ドイツなどの宗教事情調査に向かった。デンマークのコペンハーゲンではパーリ学者ファウスベル、同じくパーリ学者で大学図書館長アンデルセンと会い、パーリ語、サンスクリットの書を閲覧したり（本多隆成『シルクロードに仏跡を訪ねて』四八頁）、フランスではシルヴァン・レヴィ、シャバンヌ、メートルらと親交を深めた。ちょうどその頃、イギリス、フランス、ドイツなどが中央アジアに探検隊を送り、発掘中であることを知った光瑞はベルリン大でサンスクリットを学んでいた薗田宗恵らを伴い、自ら探検隊を立ち上げた（「薗田宗恵のベルリン留学」参照）。

その後ドイツ、ロシア、イギリス側は出土資料を徐々に公開したのに、大谷探検隊だけが非公開の立場をとっていたことに渡辺は憤慨した。しかし非公開は探検隊を送り出した西本願寺側に理由があった。大谷光瑞による諸般の出費が本山の台所を直撃し、光瑞は門主を辞任する事態にまでなっていた。光瑞の行動はついに「世間、宗門から白眼視」（上山大俊『東洋学の系譜』）されたという。非公開の理由はここにあったのである。

ヴァレザー

仏教学者マックス・ヴァレザー（一八七四―一九五四）と当地で親しく接したのも渡辺海旭である。ヴァレザーがシュトラースブルク近郊のケールに赴任してきたため、観音像を祀った渡辺の下宿で二人で『中論』の独訳をしたりした。ヴァレザーはハイデルベルク、フライブルク、スイスのゲンフで学んだ人。渡辺によると、

> 此人は夫の大哲学史家クノー・フイッシャーの高弟で哲学者としても相応の地位を占め得る力量があるが、『自我の問題』の大論文で大学を出でて後、仏教の研究に志し、梵語の傍ら西蔵語に通じ且つ漢訳をも読み得る技倆を具へ、新進学者として雄然世界を睥睨しつつある（『欧米の仏教』一〇五―六頁）

と、大乗仏教研究の分野では第一人者という。ち

なみに渡辺帰国後、ヴァレザーのもとには増田慈良、友松圓諦、インドからはゴーカレー（一九〇一―一九九一）が師事している。

渡辺は留学期間を延ばし延ばしで十年目に漸く駐独大使からの督促で帰国した。帰国後、渡辺はバウアーが蒐集した写本を整理し終っていたが、一九二三年の関東大震災によって蔵書とともに灰燼に帰してしまった。

渡辺は日本に移植された梵語学を回顧し、

馬（補、マックス・ミュラー）翁門下には南條文雄老師や高楠順次郎氏が吾国に其学統を伝へて牛津の仏教梵語研究の種は吾国に美しい花を咲かせつつある。之に反してウエーバーは姉崎正治氏などが明治三十四年に其登仙の前一寸講筵に列した位で、直系の梵語学統は吾国に伝らぬ。然し氏が秘蔵の高弟であるストラスブルグのロイマン博士の下には金剛針論で少かに存した一條の清流が、漸く大江の偉観を呈して、仏教梵語の研究が汪洋の壮観を極むる趣がある。随って伯林学統はストラスブルグを通じて常盤井新法主や荻原雲来氏等に抛り吾国に栄へて茲に梵語の独逸派と英国派は日東で結合される喜を見るだらう（『欧米の仏教』八七頁）。

といい、あるいは「此美しい独逸の新領土の大学アルゲントラトム（補、シュトラースブルク）の学林は牛津大学が日本と梵学上父子の密着な関係があると同一の親縁を不思議にも有する」（同、一〇二頁）と、日本にとってイギリスのインド学は父、シュトラースブルクは親戚と評している。

渡辺は高楠順次郎、小野玄妙と「大蔵経」編纂、「国訳大蔵経」、「国訳一切経」を編纂、また森川智徳と共に日本仏教学会も設立。仏教図書専門の大蔵出版も設立した。著書は多いとはいえないが、

「欧米では大著述をした学者と同等に或はそれ以上」（矢吹慶輝）とみられていた。

宗教大学教授のほか、東洋大学教授、国士舘大教授、深川商業高校長、巣鴨女子商業校長、大阪上宮中学理事長、芝中学校長と多くの教育機関の行政に携わった。

渡辺は近年、社会事業家の面が強調されるが、しかし社会福祉活動のみならず、婦人解放、婦人参政権の獲得などにも及び、スケールは大きかった。渡辺の人望はきわめて高く、「ひとたび渡辺君が顔を出す時、醜い政争も平和な姿に立ちかえり」「全く敵の存在を許さなかった」（高島米峰）とまで評され、宗派を越えて「尊敬惜くあたわざる人」とその徳を讃える声を私自身も多く耳にした。

芝中学の校長在職中、六十二歳で没した。葬儀は増上寺法主道重信教導師のもと、芝中学の生徒千二百人をはじめ、八千人の弔問者があった。この点からも、いかに敬慕されていたかが知られよう。

姉崎正治

一九〇〇年には東大助教授姉崎正治（一八七三―一九四九）もドイツに向かった。老齢かつ眼疾のあったキール大のドイセンのもとで彼がヒンドゥー教の聖典『バガヴァッドギーター』のテキストを読み上げ、その訳を書写するといういわば助手のような仕事をしながら、『ウパニシャッド』を学んだ。その後ベルリンへ移り、インド哲学が専門のガルベ、ヴェーダ研究のヴェーバーに師事した。大御所と呼ばれたヴェーバーもすでに老境に達し、柿崎は講義後しばしば自宅まで送り届けたという。その後、ライプツィヒのヴィドイセン、ヴェーバーの授業ともに受講者は自分一人であったという。その後、ライプツィヒのヴィンディッシュの許、さらにロンドンに移ってからは大学に籍を置かず、個人的にリス・デヴィズから半年間、パーリ文『相応部』経典の一節「サガータヴァッガ」を学んでいる。留学中は主としてインド学を修め、帰国後、東大の宗教学初代教授となった。「初期仏教」研究にはパーリ経典とそれに対応する漢訳『阿含経』との対比が必須とした。パーリ『相応部』経典と『雑阿含経』の詳細な対比はのちに弟子椎尾弁匡が手がけた。

漢訳『阿含経』の復権

漢訳『阿含経』は日本仏教史上、近代まで全く注目されなかった経典類である。姉崎が、「切実なる仏陀中心の信仰を忘れ」(姉崎正治『現身仏と法身仏』序)てというように、日本は古来大乗相応の地とされ、『阿含経』は「大乗」からは一段劣る「小乗」という範疇に押し込められてきた。もっともその遠因もインドまで遡ることができ、紀元前後に大乗仏教が成立すると、大乗教徒はそれ以前の仏教を「小乗」と批判したのである。中国では仏教伝来当初から初期経典も大乗経典も並行して導入されたため、どの経典がブッダの真説か、あるいはブッダの生涯のどの時点で説かれたのか、との観点から経典を序列化する試みがあった。それを最初に試みたのは中国天台宗の開祖智顗(五三八―五九七)である。後世「五時八教」、つまり経典を一、華厳時、二、鹿苑時(『阿含経』)、三、方等時(『維摩経』『勝鬘経』『金光明経』)、四、般若時、五、法華涅槃時と五種(「五時」)に類型化し、第五の『法華経』『涅槃経』が最もすぐれ、『阿含経』は「鹿苑時」(ブッダは鹿野苑で説法した)の分類、最下位から二番目とされた。その後、華厳宗の法蔵(六四三―七一二)も仏教全体を「五教十宗」にカテゴリー化し、『阿含経』は最下位に配置した。こうしてブッダの直接の教えを集成した

『阿含経』は大乗より下位という奇怪な現象が一般化したのである。

日本の場合も仏教が伝来した奈良時代、聖武天皇による国家統制の思想基盤として仏教が採用され、その法的根拠とされた経典は『金光明経』(国家守護を説く)、それに朝鮮半島で最も隆盛していた華厳宗の思想基盤である『華厳経』(この経は仏典のなかでも際立って壮大な世界観を説く)であった。聖徳太子もあらゆる人が仏となれると説く『法華経』、在家の女性が仏法を説く『勝鬘経』、在家の維摩が逆に仏弟子たちに法を説く『維摩経』の三経をことのほか重視した。もとよりこれらはいずれも大乗経典である。平安時代、真言宗を開いた空海も『秘密曼陀羅十住心論』の中で仏教思想を十段階に序列化し、『阿含経』は下位から四番目に配置されたにすぎない。

鎌倉時代になっても、それぞれの祖師が重視したのは大乗経典だけであった。インド、中国、日本の仏教史上、過小評価された『阿含経』が原典との比較で脚光を浴びるようになったのも近代になってからである。

清沢満之、佐々木月樵

ひとたび脚光を浴びるようになった『阿含経』を自己の信仰の中心においたのは浄土真宗大谷派の清沢満之(一八六三—一九〇三)である。かれは「浄土三部経」(『無量寿経』『阿弥陀経』『観無量寿経』)という言いならわしにならって自身の三部経を『阿含経』『歎異鈔』、エピクテタスの語録(西洋哲学を学んだため)とした。清沢の日記には『増一阿含経』の引用が横溢している。かれが『阿含経』に親しむ直接のきっかけとなったのは東京帝大の学生であった時、南条文雄の講莚に列したことによると推測される。姉崎正治にとっての『阿含経』は仏教史構築の上で必須であったが、清沢は自身の信仰の核としたのである。

清沢の『阿含経』重視の姿勢は同じ大谷派の佐々木月樵（一八七五―一九二六、大谷大学創立者の一人）にも大きな影響を与えた。当時、大谷大開設に当たり、当事者であった佐々木は「本学樹立の精神」として、「第一学年には、阿含と釈尊と親鸞の伝記とその教義（教え）とを教授する。これは仏教は常に釈尊に始まり、しかも宗教としての仏教の極致はまさにわが真宗（浄土真宗）にありと確信するからである。」とした。こうして大谷大学では大学開設に際し、当初、原始仏教学科（もう一つは大乗仏教学科）という他の仏教系大学には類のない学科を立ち上げたのである。

ロイマンに師事した日本人たち（荻原雲来、渡辺海旭以後）

ロイマンのもとには荻原雲来、渡辺海旭以後も多くの日本人が向かった。

神林隆浄（一八七六―一九六三、真言宗豊山派）は渡辺海旭帰国三年後の一九一三年（大正二年）に出発。しかし翌年、第一次大戦が勃発したため、帰国。帰国後、大乗経典を中心とした『菩薩思想の研究』、自身の宗派（真言宗）についての『密教学』『弘法大師の思想と宗教』を著した。

池田澄達（一八七六―一九五〇）は長野の天台宗善光寺塔頭、威徳院出身。神林と同船で出発したがやはり、第一次大戦の勃発に伴ない、神林とともに帰国した。しかしその間ロイマンのもとでダラニ経典『無量寿陀羅尼』（対応漢訳『大乗無量寿決定光明王如来陀羅尼経』）を読み、帰国後、その校訂本を出版した。ロイマン自身は本書の冒頭部分を池田到着の一年前に出版していた。密教系経典に関しては、ロイマンはトゥルファン出土の『般若経』「理趣分」を手がけていたため、その関わりもあってダラニ経典を読んだのであろう。

第一次大戦勃発とともにロイマンはフランスの占領下となったシュトラースブルク大学から南ドイツ・フライブルク大学に移った。フライブルクに移ってからの日本人留学生は次のとおり。

若井信玄、大橋戒俊の二人は浄土宗出身で宗教大学の同期生。若井はドイツから帰国後、ロイマンのもとで読んだ『入楞伽経』序品の校訂と日本語訳を出版。『入楞伽経』についてはすでに大谷大の泉芳璟が鈴木大拙と共同出版していたが、その補正、日本語訳を見直したとある。

大橋戒俊（一八九七―一九四四）は一九二二年（大正十一年）に出発。翌二十四年にはハンブルク大講師（日本語か）を務めた。『明帝以前における支那仏教の研究』で学位取得。『欧米における仏教事情』などの著作がある。四十六歳で没した。

川瀬光順（一八七九―一九四三、浄土宗）は一九二九年から当地で『十地経』を学んだ。帰国後『大乗道の実現・梵文十地経現代語訳』を出版。旅順高校の初代校長、校歌の作詞もした。当時、日本の哲学界ではドイセン旋風が巻き起こっていたが、そのドイセンの *Die Elemente der Metaphysik* を日本語訳（『形而上学の要素』）している。

藤田（白石）真道（一八九七—一九八七、真言宗高野山派）は一九二七年から四年間滞在し、『法華経』「観音品」、『マハーヴァストゥ』などを学び、一九三一年、ロイマンが没するとともに帰国した。

石川海浄（一八九四—一九六九、日蓮宗）は一九二九年から三一年まで滞在。パーリ語、『法華経』「観音品」を学ぶ。ロイマンは『長部』経典「パーヤーシ経」に対応するジャイナ教の文献を見つけ、石川が双方を対照して英訳した。同時期に机を同じくした藤田真道によれば、「石川海浄君はこの巴利の方全部をジャイナのそれで補ひロイマン先生の下で英訳されたので国訳する時は是非とも石川君の権威を尊重せねばなるまい」（白石真道「恩師ロイマン教授」）と伝えている。ロイマン没後、石川はロイマンが在職していたシュトラースブルクに転任して来たシルヴァン・レヴィに就き、比較言語学、パーリ語、アルダマーガディー語を学んだ。

干潟龍祥（一八九二—一九九一）は一九二七年から二年間、ロンドンでデニスン・ロス、ステッド（先に木村泰賢、渡辺媒雄が師事）、それにインド局図書館のトーマスに学んだ後、ロイマンのもとに五カ月滞在した。ロイマンは干潟に「ジャータカ」に詩だけから成る古本が存するかという調査を依頼している。

北山淳友（一九〇二—一九六二）は宗教大学卒業後、ロイマンのもとへ向った。その後ハイデルベルク大に移り、哲学をリッケルト、ヤスパース、インド学をティンマー、ヴァレザーに学んだ。『仏教の形而上学—世親の唯識論の哲学的研究—』で学位取得。その後、マールブルクからチェコスロバキアに移り、カール大で教鞭をとったが、当地で没した。

渡辺照宏（一九〇七―一九七七）は一九三〇年、帝大卒業と同時にロイマンのもとに赴いた。同時期に留学中の川瀬光順、藤田真道、石川海浄らとともに『法華経』『マハーヴァストゥ』を学ぶ。このいきさつについては藤田が、「昨年夏休八月の一ケ月は畏友、石川海浄君、渡辺照宏君と共にスイス、バーゼル市にロイマン先生にお伴して先生の親戚のお宅で夏季講習としてこの法華経中の二十四品（漢訳では二十五品）観音経を読んでいただいた」（白石真道、同）と伝えている。なお渡辺照宏は終生、ロイマンの写真を机上に置いていたという（宮坂宥勝の伝聞）。渡辺はロイマン没後、ベルリンのリューダースのもとに向かった。

リューダース

北ドイツ・リューベック生まれのハインリッヒ・リューダース（一八六九―一九四三）は荻原雲来と同年の生まれ。ミュンヘンで文献学、ゲッティンゲンでインド学、キールで学位を取得。その後オックスフォード大インド学の図書館員、さらにロンドンのインド局で写本研究に従事した。マックス・ミュラーの比較神話学についての論文のドイツ語訳もある。氏はヴェーダの音韻研究から出発し、ヴェーダ語とパーリ語の比較研究、アーリアシューラ作『ジャータカマーラー』とアジャンターのフレスコ画との比較研究、『マハーバーラタ』の校訂出版をしている。一九〇九年、ベルリン大教授在職中のピッシェルがインドで客死したあと、教授に就任。それ以後、四次にわたるドイツ・中央アジア探検隊が将来したサンスクリット写本類の解読に精力的に従事した。写本類の解読に当たっては、教え子で夫人となったエルゼが全面的に協力している。リューダースと面識のあった渡辺海旭は当時を回顧して、

伯林大学の梵語教授リュウーデルス博士が其講座の下から今の令閨を得て現時盛に中央亜細亜発見の古経断片に睦じい比翼研究をやって居るのと、同巧異曲と申してよかろうか、筆者は此鸞鳳の共鳴が千代に八千代に長へに学界の祝賀を受けむことを茲に衷心から至祝至祷する（『欧米の仏教』）三七頁）。

と、夫妻を讃え、さらに次のようにいう。

当時伯林大学の新教授ドクトル・リューデルスは一室で孜孜屹屹一つの貝葉断片を研究して居った。満身渾て精力といふ様な方面大耳の独眼龍は、烱烱たる其片眼を光らして、猟夫が巨大の獲物に遇った様に、如何にも熱心、如何にも希望と喜とに充ちた態度であった。却後一年有半教授の予想は事実となりて驚くべき成績は俄然として学界を驚かした。それは馬鳴菩薩造の仏教脚本である（「馬鳴菩薩造の仏教脚本」）。

リューダースは中央アジア出土写本の中からアシュヴァゴーシャ（馬鳴）の名を記した『舎利弗劇』の断片を発見。それによれば、すでに紀元後一世紀頃に劇作品が成立し、王侯・バラモンはサンスクリット、婦人、下層階級は方言（プラークリット）というように登場人物毎に話し言葉が類型化され

ていると発表した。リューダースの研究の現場にいた渡辺海旭もこの点につき、「王候僧侶学者などは梵語で台詞を」「無教育者の言語は、摩竭陀方面若くはスラセーナ方面の初期に属するもので書いてあ」ると報告している（同）。

リューダースはクマーララータに関する出土写本も校訂し、クマーララータは文法家でもあり、パーニニの文法とは多くの相違があるとした。そのほか東トルキスタンの歴史と地理、『ヴァルナ』（水神）では水中に住むヴァルナは真理の保護者と発表。さらにセイロンの仏教徒がパーリ語をブッダの話していたことばとみなす主張を批判。パーリ語はインド東部方言からの翻訳との論稿もある。

こうしてロイマン、リューダースの二人に師事した渡辺照宏は帰国後、パーリ仏典、『法華経』、論理学、密教文献と幅広い分野にわたって活躍した。論争こそ学問の発展に資すると公言していた。

ロイマンの日本人最後の弟子は徳永（宗）茅生（東北帝大出身）である。彼女は師金倉圓照の指示に従ってロイマンのもとに向かった。フライブルク滞在中、日本人留学生は五人いたという。『法華経』『マハーヴァストゥ』などを学んでいる。ただ徳永は「折角ドイツでは、冬学期（ゼメスター）毎に国内の大学に移ることが許されている」、「キルフェル教授とB氏はボン大学へ移って来よと頻りに勧告され」、「自己の短い滞欧期間を考えて」、「重苦しい、息のつまりそうな行き悩みのF（補、フライブルク）市での過去を忘れて」、「何等研究の緒にもつかずに終りそうな不安焦躁をも覚えて」（徳永茅生『袖ふりあうも』）、師からは荻原雲来、渡辺海旭という傑出した英才と何かと比較され、劣等感にさいなまれ、ロイマンの許からボンのキルフェルの許に移ったと告白している。

キルフェル（一八八五―一九六四）

ヴィリバルト・キルフェルはボンで「ウパニシャッドと叙事詩の名詞複合語」で学位取得。その後、ボン大でヤコービの後継者として長きにわたって教鞭を執った。バラモン教、仏教、ジャイナ教三教の宇宙論、やはり三教のシンボリズムを研究。インド民間伝承、ヒンドゥー教聖典「プラーナ」も専門とした。医学書の『八節心サンヒター』も翻訳。徳永によるキルフェルの印象は「落ち着いた穏やかな、一見商人のような感のある紳士」だという。彼女自身は劇作家カーリダーサ作『ラグヴァンシャ』、それに『法華経』の手ほどきを受け、帰国後、『ラグヴァンシャ』を翻訳出版した。

ロイマンはこのように計十四人にものぼる日本留学生を指導した。近代日本の梵語学史上、一大恩人といわれるゆえんである。

左からフローレンツ、高楠、南条

ところで日本人によるサンスクリット写本類の入手を年代順にあげれば、高楠順次郎がネパールから百余部、河口慧海がネパール、チベットから五十余部、榊亮三郎（一八七二―一九四六、京都大学教授）がネパールから八十余部将来した。このうち、榊亮三郎は東京帝大で南条文雄のあと、高楠が教鞭をとるまでの二、三年間、フローレンツ（一八六五

―一九三九）にサンスクリットを学んだ。フローレンツはドイツ出身で帝大のインド・ヨーロッパ語比較言語学（博言学）教授として来日していた。彼は『アタルヴァヴェーダ』の研究で学位を取得し、ドイツ留学中であった森鷗外、井上哲次郎と交流があり、その影響で日本に興味を持ち、来日して教鞭をとっていた。フローレンツは傑物であったエピソードが伝わっている。ある学生がテストの前日、フローレンツのドイツ語の授業が休講であったため休みをとっていた。ところが自宅でやるから来いとの連絡があり、学生二人が赴くと、何本もビールがふるまわれ、三、四軒飲みにも連れて行かれた。翌日、学生らの顔は真っ赤、声も出ない状態で登校すると、フローレンツはどうしたのか、と問い、前日の事情を話すと「ブラボー」と叫び、二人とも百点をもらったという（高橋英夫『ドイツを読む愉しみ』）。フローレンツは帰国後、ハンブルク大学日本学の教授となった。このフローレンツに学んだ榊は京大で教えるほか、大谷光瑞に個人的にサンスクリットを教えたり、真宗西本願寺の文学寮で講義したりしている。

シルヴァン・レヴィ門下生

日本へのフランス・インド学の導入はすでにふれた藤島了穏、藤枝択通がいたが、もっぱらシルヴァン・レヴィに師事した人たちから移植された感がある。石川海浄はロイマン没後、フライブルクからレヴィのいるパリへ向かい、その後、榊亮三郎（京大教授）、山口益（真言大谷派、大谷大学長）、山田龍城（真宗本願寺派、東北大教授）、インド仏教説話、『ラトナアヴァダーナマーラー』を校訂した高畠寛我（仏大学長）らが学んでいる。

山口益

山口益（一八九五―一九七六）は真宗大学に入学し、梵語を榊亮三郎、チベット語を寺本婉雅に学んだ。研究科に進んでからは佐々木月樵に勧められ、『中論』の注釈書『プラサンナパダー』をとりあげた。その後、世親作『中辺分別論』に注目し、チベット訳しか知られなかった安慧の注釈によりながら研究し始めた。

一九〇九年、フランスのシルヴァン・レヴィは日仏会館館長として三度目の来日の際、東大で教鞭をとりつつ足かけ三年滞在していた。山口はこのレヴィを師と決め、昭和二年（一九二七年）からパリに向かった。レヴィといえば三度目の日本訪問から帰国の途次、再び写本を求めてネパールを訪問した。その際、山口が研究中であった安慧釈付き『中辺分別論』のサンスクリット本を発見した。この間のいきさつについて山口は、

越えて昭和二年春、欧州に渡り佛京巴里に滞在中、その研究の継続の為にグュイメ博物館長ジョセフ・アッカン氏の好意によりて同館所蔵のナルタン版安慧造弁中辺論註釈を借覧して、それを底本とし、国民図書館の北京版を参照して、その書に対する概括的な調査を了へたのであった。時恰も昭和三年秋、シルヴァン・レヴィ教授は日本より帰佛の途次、ネパールに於て該書の梵文写本を発見し、その報を齎して巴里へ帰られ、その部門に関する余の研究の関心を諒としてその写本出版を託せられたのが抑の此校訂本出版の動機となった。余の研究の過程とレヴィ教授梵文写本の発見とが、かくも偶然に一致したと云ふことは誠に不思議な因縁と申す他無いのである（『中辺分別論釈疏』第一巻序）。

と、レヴィのサンスクリット本の発見は自分の研究テーマと「偶然に一致した」と伝えている。

山口は留学中、ギメ博物館副館長（のち館長）ルネ・グルッセ宅に寄寓した。グルッセは東洋美術と東西文化交流史を専門とし、食堂ではしばしばそうしたテーマが話題となるばかりでなく、その頃、グルッセは玄奘の旅行記『大唐西域記』の普及版を執筆中であったという。この概略本は出版後、英訳され、ネルーの著作『インドの発見』にまで引用された。しかるにその後、山口は前嶋信次が岩波書店から『玄奘三蔵―史実西遊記―』を出版した際にグルッセの書への言及がないことに憤慨した。山口によれば概略本であっても高いレベルの内容であるばかりでなく、留学中、グルッセの恩義にあずかったこともあったろう。

留学中、山口は龍樹の『廻諍論』（中観派とバラモン教哲学の正理学派との論争の書）をフランス語訳している。

二年半にわたる留学を終え帰国後、『中辺分別論』の研究をチベット訳、それに真諦、玄奘による漢訳をも対照しながら続行した。昭和十年十月、その第二巻目発刊の際、レヴィ没の報を聞き、巻頭にフランス語と日本語で哀悼の一文を記している。

山口は十年がかりで『中辺分別論』を全三巻として出版した。

その後も同じ中観派の清弁作『中観心論』を中心とした大冊『仏教における無と有の対論』を出

版。中観派に研究を集中したゆえんについてはその「緒言」に、「釈迦牟尼正覚に於ける根本意趣は、龍樹の般若中観説の上に遍く開顕し悉くされた」とあるように、ブッダの教えは龍樹によっていっそう掘り下げられ、それが中観派として展開したためとする。一般書『空の世界』(初版)を著した際もその「はしがき」で、

大乗仏教思想は、龍樹の中観説を措いては、根源的に把握することができないからである。後のある時代になって、龍樹の空思想に対論する有(う)の思想のごとくいわれた唯識仏教も、実は龍樹中観説を基盤として歴史的に体系づけられたもので、龍樹中観説と別個に唯識仏教を考えようとすれば、唯識仏教の本旨がまげられたような装いになる。

と、大乗の二大学派の一方の雄、唯識派といえども中観派の祖龍樹が存在したからこそ発展したと記している。

中観派と唯識派との間の多様な論争をまとめたのが『中観仏教論攷』である。

師のレヴィは多数の梵語写本をネパール国王の特別な厚意のもとに入手した。それらの中で『中辺分別論』以外にも龍樹の説いた無自性空を唯識的に論じた『三性論』の写本も山口に解読を委託。山口はこれもチベット訳と対照しつつまとめ上げた。

山口は大学での講義以外に、多年にわたって京都の各大学の学者を集めて研究室で輪読会を主宰した。龍樹の『廻諍論』、世親の『倶舎論』、訶梨跋摩の『成実論』、寂天の『入菩提行論』などの仏典を次々と読んだ。

ところで昭和二十四年(一九四九)、山口がパリに留学中に寄寓していた家の主人グルッセがフラ

ンスの文化使節として来日し、京都で講演する機会があった。その内容はヒューマニズムについてであり、地中海文明のほかアジアの儒教・仏教にもヒューマニズムの伝統があるゆえ、双方の対比、あまつさえ地中海側が反省までせねばならないと説いた（この講演は「新ヒューマニズム」と日本語訳され、『アテネ文庫』第九四巻に集録）。山口はグルッセが来日してから八年後、師レヴィ、そしてグルッセの論説の紹介をかねて『アポロン仏』という本を出版した。書名を「アポロン仏」としたのは、ガンダーラで初めて作成された仏像がギリシャの影響を受け、その仏像はギリシャの救世主であるアポロン神酷似であったため、それにちなんだという（『アポロン仏』九四頁）。このアポロン仏の出現は大乗仏教の成立と連動しており、多くの仏なかんずく阿弥陀仏の登場に至る契機ともなったという。この本は山口が六十二歳の時であり、ギリシャ文明、ガンダーラ、仏像、大乗の成立、そして阿弥陀仏について論じたものである。

こうした「アポロン仏」という表現以外にも山口独特の表現といえるものとして、『仏教における無と有の対論』という題名にあるように、通例では「説一切有部」教団の立場を示す「有」の概念を唯識派に採用し、中観派を「空」でなく「無」としたり、あるいは説法する仏を「動仏」、瞑想する仏を「静仏」というのがある。そのほか教理上の新解釈として「真空妙有」の「妙有」を「妙用（ゆう）」と解した点があげられる。この点は十四歳年上の帝大教授木村泰賢（一八八一―一九三〇）が「真空妙有」の語をことのほか好んだことを念頭に置いていたと思われる。木村は「空」を解釈する際、「空は決して虚無の空ではなくして、否定に否定を重ねて最後に到達した妙有的空であらねばならぬ。しかもこの妙有的空たるや、現象の意味を否定して初めて到達せられる原理であるけれども、一たびここに到達するに及べば、更に現象の根底として現象の意味を復活させる空である。これはすなわち般若経における真空妙有、諸法実相の考えであ」り、「空即是色、色即是空などといえるも、実はこの意味を表わすものに外ならぬ」(『大乗仏教思想論』二三九頁)と解していた。

木村が「真空妙有」のことばをとりわけ愛好していたことは、数ある自著の一つのタイトルを『真空から妙有へ』(昭和四年)としたことからも知られる。なおこの「真空妙有」を「真空から妙有へ」と読んだのは木村の弟子梶芳光運であり、木村がそれをいいことばだからくれないか、といったいきさつがあったことを梶芳は大学院の授業で話していた。

木村の『真空から妙有へ』の本は仏教の研究方法から始まり、仏教の特質、展開、菩薩道、それに人生の意義、修養などをまとめたものである。もっとも木村は増刷する際、タイトルを『真空から妙有へ』から『仏教概論』と変更している。仏教の入門書としての性格を一段と強めるねらいがあったのであろう。

こうした木村の生き方を「真空妙有」の語でとらえたのは木村の帝大の同僚で少し若い宮本正尊(真宗大学で山口と同学年の仲間であった)である。宮本は木村を回想して、「大乗の菩薩道を実践し、「日常生活のその場その場に解脱を求め、真空妙有に生きられた先生」(『大乗仏教思想論』解説)と、この語が木村の生き方そのものを体現していたという。

これに対し、山口は「真空妙有」という場合の「真空」は「空亦復空」ともいわれるようにどこまでも「空」なのであり、その帰結を「妙有」とすれば「空」が「固定化されたもののように考えられはしないであろうか」(『大乗としての浄土』五四頁)と疑問を呈し、「空」はどこまでも「空」として「はたらく」ゆえ、「はたらき」を意味する「用」(サンスクリットのプラヨージャナ)で「真空妙用」とすべきとした(幡谷明『大悲の妙用—曽我・金子・山口先生の鴻恩を憶う—』)。これは伝統的な「真空妙有」の解釈に対し、一石を投じるものであった。

大谷大学の教授、学長を務め、晩年、学士院会員、文化功労者に推挙された。ある辛辣な学者(岩本裕)が大学教授と寺院住職(真宗大谷派)を兼ねる山口の研究姿勢(とりわけ浄土教に関するものであろう)を学問的に客観的な立場とはいえないと批判したことがある。これに対し、山口は自分の仏教学は「僧学」いいかえれば「仏弟子の学」であり、仏教を学ぶ以上、仏弟子の学であらねばならないと反論した(幡谷明、同)。歴史上のほとんどの仏典は、仏弟子の作であったことも念頭にあったと思われる。桜部建によると、山口はときに蓮如の『御文』にある「外相ニソノイロヲアラハサス内心にフカク他力ノ信心ヲ」を口ずさむことがあったと伝えている(桜部建「山口益博士への弔辞」『仏教学セミナー』二四)。

インド哲学の導入—木村泰賢

研究の当初からインド哲学研究を志したのは木村泰賢(一八八一—一九三〇)である。わが国で木村以前に著されたインド哲学の概説というと、わずかに井上円了の『外道哲学』、姉崎正治「印度宗教史考」だけにすぎず、インド思想でも仏教以外は伝統的に「外道」と蔑まれていた。こうした蔑視のため留学前に木村が執筆した『印度哲学宗教史』など見向きもされず、出版社すら容易に見つからなかったという。木村は一九一九年、イギリスに向かい、当初パーリ語専門のリス・デビィズ、ステッドの二人に師事し、ステッドの家に寄宿した。ステッド夫人によると、木村は寝そべって字を書くため、インクがシーツに染み付いて困ったという逸話まで伝わっている。またどの本の頁にも刻みタバコの粉がこぼれるほどの愛煙家であった。

木村はロンドンでパーリ語と漢訳双方の理論書（アビダルマ論書）を対比し脱稿。その後、ドイセンのいるドイツ・キールに赴いたもののドイセンはまもなく没したため、ケルンのヘルマン・ヤコービのもとに向かった。

木村は曹洞宗大学出身ゆえ、仏教も雁行して研究していた。『原始仏教思想論』をロンドンで起稿し、「シナ、日本の昔ながらの学者は「阿含経」というとただちに小乗（大乗でない）の経典と片付けてしまう。これは仏教全体にわたって歴史的にみれば、「阿含経」はその起源であるという視点を欠いている。大乗仏教といえども、要するに原始仏教以来の展開したものということに気づいてない」とし、キールで脱稿した。五十歳で没したものの、インド哲学、原始仏教、大乗仏教研究の分野できわめて大きな足跡を残した。

ヤコービ

ケルン生まれのヤコービ（一八五〇―一九三七）はベルリンで数学、比較言語学、さらにヴェーバーからサンスクリットを学び、ボンで天文学の研究で学位を取得。その後イギリスに一年滞在した後、一八七三年から七四年にかけインド・ラージャスターンでゲオルグ・ビューラーとともに写本蒐集にあたった。古い伝統を誇るジャイナ教寺院を訪問するなどジャイナ教に関心を寄せた。一八七三年にミュンスターの助教授、一八八五年、キール大、その後ケルン大に転じた。一九一三年から一四年までインドのカルカッタ大に招聘され、インド詩学を講じた（一九〇八年にベルリンのピッシェルがやはり同大学に招聘され、風土病で客死している）。ヤコービはジャイナ教の多数のテキストをドイツ語訳した。『カルパスートラ』『アーヤーランガ』の二本はマックス・ミュラー編纂の『東方聖典』に二冊分で収載されている。ジャイナ教の使用言語マーハーラーシュトリーの文法書を出版、またマハーラーシュトラ地方に伝わる二、三世紀の『ラーマーヤナ』のジャイナ教版本を校訂。そのほかヴェーダ、碑文、美学の理論書に長じていた。ジャイナ教はそれまで仏教の一分派とみられていたのを否定し、ジャイナ教の開祖マハービーラは歴史上実在した人物と論証した。これはオルデンベルクがブッダの実在を論証する際、大きな示唆となったことはすでに述べたとおりである。師のヴェーバーとともどもジャイナ学を先導した。ロシアのシチェルバツキー（一八六六―一九四二）、オットー・ローゼンベルク（一八八八―一九一九）もこのヤコービに師事した人たちである。

宇井伯寿

当初からやはりインド哲学研究を志したのは宇井伯寿（一八八二―一九六三）である。宇井は神林隆浄、池田澄達と留学先は異なるものの、同じ船でヨーロッパに向かっている。ドイツ・テュービンゲン大のリヒャルト・ガルベに就き、インド哲学とりわけサーンクヤ学派を学んだ。帰国後、東北大、東大で教鞭をとり、木村泰賢同様、インド哲学だけでなく広汎な分野にわたる仏教研究を成し遂げ、文字どおり日本を代表するインド哲学者であった。

金倉圓照

金倉圓照（一八九六―一九八七）もインド哲学研究を志し、一九二四年、ボン大のヤコービのもとに向かった。ヤコービは到着したばかりの金倉に向かって次のようにいったという。「従来どういう梵語のテキストを学んだかを質問したのち、〈インド哲学を研究するには、ダルシャナ（哲学）と、カーヴヤ（詩文学）と、ヴャーカラナ（文典学）を修める必要がある。君はこれまで哲学を勉強してきているようだが、将来のために、他の二方面にも、心をくばるがよかろう〉と、注意を与えられたことがある」（「インド哲学研究の目的と方法」）という。ヤコービはインド哲学といえば、こうした三つの分野をともに研究すべきと指導したのである。金倉は帰国後、やはりインド哲学の分野で大きく寄与した。インドの古い処世訓『ヒトーパデーシャ』も日本語訳（北川秀則と共訳）し、あとがきに、

古来インドは多数のすぐれた宗教家、哲学者を輩出したが、彼らの説くところはむしろ床の間の置物にすぎず、インド人の本当の気持は案外ヒトーパデーシャのようなものの中でこそ正直に述べられているのではなかろうか（岩波文庫二九一頁）。

と、ここでは哲学よりも世間的教訓のほうがインド人の気持をよく表わしているというが、これは哲学研究そのものに対する揶揄も含意されていよう。金倉は正月元旦であろうと研究室に籠って研究していたという（山折哲雄『恩人の思想』）。東北大定年後、立正大（日蓮宗）でインド哲学を講じた。出身は鹿児島坊の津、真宗西本願寺派の寺院であった。

梵語学に対するイギリスの見方

イギリスがインドを植民地とした関係でインド学もイギリスから始まった。インドの思想、文化を崇高と評価したのは、前述したようにウィリアム・ジョーンズ、ウィルソン、コールブルックらであった。とはいうもののイギリス本国のインド学に対する評価は常に低調であった。もっともそうしたなかで一時的な高まりをみせたのは渡辺海旭によれば、皮肉にもドイツからきたマックス・ミュラー、それにベンドールの活躍が大きかったという。

近時、仏教聖典蒐集の功労者セシル・ベンドールは其ケムブリッジ大学教授就職に當り漸く印度学研究に冷淡となれる英国の上下を警策して、大々的の気焔を挙げた。今や吾国の識者財産家所有る教育ある階級に向ふて欧米学者の仏教研究に向ふて眼を開けと呼号することは、印度の統治発展上、マ博士、ベン教授が獅子吼したると同じく、東方の経綸上、実に止むべからざる苦言として見て頂きたいものだ（『欧米の仏教』一一頁）。

マックス・ミュラーが没した二年後（一九〇二年）の時点で、パーリ学者リス・デヴィズはインド学の講座がドイツに十校あるのにイギリスにはたった二校しかない、と歎息している（中村了昭訳

『仏教時代のインド』)。大英帝国のビクトリア女王自身、生涯一度もインドに行くことがなかった。ただ一八九七年六月二十三日、帝国支配下の国々の高官や兵を招いた式典があり、四万六千の兵の中に、盛装し、ターバンを巻き、髭をはやしたインド兵が整然と現われると、イギリス人たちは熱狂したという(村上リコ『ヴィクトリア女王の生涯』)。しかしながらインドを属国扱いし、インドの教えに耳を傾ける姿勢は終始みられなかったとされる。民族学協会会長であったジョン・クロフォードはホメロスやシェークスピアを生み出した人びとと『マハーバーラタ』『ラーマーヤナ』以外何も生み出さず、外国を征服したこともなく、引きこもりがちなインド人と一緒にされてたまるかと言い放っている(キッペンベルク『宗教史の発見』七二―七三頁)。いうなれば、イギリスには貴族意識とともにインドに対して終始、優越感があり、中村元は「伝統的なその自信と傲慢な態度」(『比較思想論』二七頁)と評している。

イギリスがインドの経済的、政治的な面だけに関心を示したのに対し、ドイツはインドの文化全体に関心を示し、とりわけロマン主義(それまでの理性偏重の合理主義に対し、感受性や主観を重視、内面や精神性を強く表す一連の運動)と深く連動し、インドの思想は深遠、哲学的、詩的と讃えられた。言語の分類の上からもサンスクリットは「インド・ヨーロッパ語」で自分たちと同系であり、人種的ルーツもともにアーリア(高貴、気高い)人ととらえたのである。フランスも東洋全体を憧憬の国ととらえ、ことのほかインドは神秘的、魅惑的な国と共感して迎え入れた歴史がある。

アジアに向った僧たち

ところで明治維新後、以上みてきたヨーロッパではなく、仏教の故地インド、東南アジア、チベットに赴いた僧たちもよほど多かった。それらの人びとをとくにパーリ語、サンスクリットとの関わりから追ってみよう。

釈興然

釈興然（一八四九―一九二四、真言宗）はヨーロッパ、インド、セイロンを旅した北畠道龍（一八二〇―一九〇七）に触発され、また師釈雲照（一八二七―一九〇九）からセイロン仏教を見聞するよう要請され、当時インドの一部とみられていたセイロン（河口慧海も『チベット旅行記』上、三八頁で「インドのセイロン」とする）に向かった。なお彼はすでに出発前に南条文雄からサンスクリットの手ほどきを受けていた（東元慶喜「わが国における上座部研究の過去と将来」）。セイロンではスマンガラ（一八二六―一九一一）らが東南アジア仏教圏の構築をめざし、日本からの賛同者の来訪を望み、交流を活発化させようと動いていた。

スマンガラ

スマンガラの人物像についてはその後、セイロンに留学した釈宗演（一八五九―一九一九）が、「此土六万余の僧上にして福智一世に著はれ、名声五印に轟く。此土の僧として、尊者の教育を受け尊者の証明を獲るものは、人、目するに登竜門を以てす。寺に学林あり。僧徒百余名を住せしむ」

(『西遊日記』、小川原正道『近代日本の仏教者』一七九頁)と伝えている。渡辺海旭もドイツ留学に向かう途次、セイロンに数日間滞在し、スマンガラについて「皎髪仙顔の道容」で、タイ(シャム)、ビルマ、日本など百五十名の僧を訓育中とある。渡辺は帰国した翌一九一一年、スマンガラの死(一九一一年)について「嗚呼マハテロ・スガンガラ師」と題し、

其三蔵の学殖深広にして印度洋の水の如く戒行堅実は楞伽神山の宝珠に比すべく而して四衆化導の盛は夫の錫蘭満林沛然たる甘露の雨よりも偉大なりしマハテロ・スマンガラ老師は八十五歳の高齢、錫蘭の梵語大学興明学館に学徒を薫陶して世界東洋学者及宗教学家の嘆賞と崇敬とを一身に鍾め南方一帯の仏徒之を拝する真仏の如く吾国の興然大比丘宗演大禅師等法乳の恩に浴するもの幾十、今に興明大学の一部に日本学徒寄宿寮ありて二三の比丘香孜孜として毘尼の研修四舎七論の讃仰に怠らず、老師の如きものは真に法海の津梁長夜の巨灯なり。

と、師の「法乳の恩に浴するもの」多数と追悼文を草している。長井真琴によれば、「今釈迦と崇められていたスマンガラ僧正」(「明治時代の原典研究」)と伝えている。興然はスマンガラの運営する僧侶育成学校で学び、上座部の正式な僧となり、七年滞在し、ブッダ直伝の仏教を学ぼうとした。

此土の風俗は日本より遥かに劣りて見へ候へ共、宗教の如きに至りては吾国よりも幾倍の正風ありて、殆んど仏在世の正則を踏み候。(略)実に宗教之正風を顕せり。願は我が本国も斯くあり度ことなり。感涙眼に余ぬ(『能潤会雑誌』一二三)。

興然は当地の仏教のあり方に感涙し、セイロン仏教徒の用いるパーリ語を学び、僧たちはブッダ以

来の正統なあり方を伝承すると心酔した。そのため日本仏教はブッダ以来の正統な仏教でないとし、セイロン（つまりインド）仏教を今後の日本のモデルにしようとした。帰国後シャム（タイ）に一年招かれた際にはシャム（タイ）の多数の仏像、パーリ経典類を持ち帰り、自坊の真言宗寺院にいながらセイロン仏教徒の衣を着け、セイロン風の生活を送った。チベット出発前の河口慧海がセイロンの仏教事情それにパーリ語を学ぶために訪問した際、興然は、

小乗教は即ち純正の仏教である。日本では小乗といって居るけれどもその実、小乗という名は大乗教者がつけた名で小乗そのものには決してそういう名はない。純粋の仏教はこの教えに限る。それ故に本当の僧侶は黄色の袈裟を着けなければならぬ。まずその心を正しゅうせんとする者はその容（かたち）を正しゅうせよであるから、僧侶たる者はまず黄色三衣を着けるが第一着である。お前も黄色の袈裟を着けるがよい（『チベット旅行記』上、三八—三九頁）。

と、河口に厳命したという。興然はセイロン仏教こそ正統の仏教であるとし、初期仏教以来の僧の姿つまり「三衣一鉢」を実践していた。そのため大乗仏教を信じる河口は興然の寺から追い出されてしまった。興然は住職をしていた横浜三会寺の寺院規則をセイロン様式にした。つまり「仏」をそれまでの本尊であった弥勒仏を釈迦仏に、「法」をパーリ語の経・律・論に切り換えた。もっともそれも真言宗当局から正式に承認されたという（ジャフィー「釈尊を探して—近代日本仏教の誕生と世界旅行」）。ただ奥山直司（「ランカーの八僧」）によると、その後の興然の軸足は依然として真言宗にあったとみるべきふしがあるという。とすれば興然は真言密教とセイロン仏教と二本立ての信仰をもっていたかにみえるが、あらゆる宗教を許容するのが密教であるから、セイロン様式も問題なかったので

あろう。

釈宗演

釈宗演（臨済宗）は興然の出発半年後、一八八七年にセイロンに向い、三年間滞在した。興然同様、パーリ語は「専ら釈尊が広長舌を以て演述せられし原語」『西南の仏教』）という認識のもとに、日々、パーリ語で戒律を読誦し、当地の仏教を究めようとした。当時のインド、それにセイロンは大英帝国の支配下であったから明治二十年五月二十四日付の宗演の日記には「英国王ビクトリア陛下即位の祝日」との記述がみえる（真訳・釈宗演『西遊日記』）一二〇頁）。ところが宗演は、セイロン仏教といえども大英帝国支配下にあってヨーロッパ化され、自身の属する宗派、禅宗の「禅」に対応する「禅定」も軽視され、日常生活の上でも裸足、手での食事などに当惑した（『西遊日記』、ジャフィー「釈尊を探して」）。あまつさえ当地の僧は「世の中の役に立たない「人民の食客」」（『明教新誌』、奥山直司「明治インド留学生」）とみられていると観察している。つまり興然はセイロン仏教こそ真正の仏教と解したのに対し、宗演は北方、南方（彼は「小乗」「大乗」の語をきらう）双方の長所を採って融合すべきである、と冷静、穏健な考えかたをとった。「若し大乗教の眼目ありて小乗教の首足を具せば、完全なる仏種子を打ち出すことと予は思惟するなり」（『明教新誌』一八八八年五月二十四日）。それゆえ帰国後、二人のセイロン（インドを含む）仏教についての見方は全くあい反するものとなった。

ただ語学の点からみると、二人は仏教界の新しい胎動をめざしてセイロンに渡ったのであり、帰国後、パーリ語を日本のアカデミック機関で教えるなどという意図はなかった。

なお宗演はセイロン滞在中、ドイツ出身でビルマで僧となったニャーナティローカと再三会っている（『西遊日記』）。ニャーナティローカはその後日本を訪問。諸大学でパーリ語、ドイツ語を講じ、この分野で大きく寄与したことは別稿「ニャーナティローカのパーリ仏典研究と滞日」で述べたい。


インドのボンベイの地に直接渡った人に天台宗の大宮孝潤（一八七二―一九四九）がいる。彼はその後セイロンに赴き、スマンガラに学んだもののマラリアに罹り、帰国した。しかし二度目（一九〇〇―一九〇六年）の際はカルカッタでバラモン学者に就き、インド説話の『ヒトーパデーシャ』『パンチャタントラ』、カーリダーサの『シャクンタラー姫』『メーガドゥータ（雲の使者）』『ラグヴァンシャ』、さらに叙事詩『ラーマーヤナ』と多数のサンスクリット文学、それに大乗仏典の『ブッダチャリタ』、寂天の『入菩提行論（ボーディチャルヤ・アヴァターラ）』を学んだ。大宮は哲学館（東洋大）で河口慧海と同期の間柄で、河口がチベット滞在中、日本人であることが発覚して脱出した際、インドでかくまったこともあった。一九〇六年に帰国後、天台宗大学、東洋大学でサンスクリット、サンスクリット文学、インド哲学を講じた。本格的なサンスクリットの教師になるだろうと期待されたが、自然災害、自坊の火災も重なって中断してしまった（一島正真「大宮孝潤」『中外日報』平成二十四年四月七日付）。

山上曹源（一八七八―一九五七）は一九〇六年、曹洞宗大学卒業後、セイロン・コロンボでやはりスマンガラからサンスクリットを学んだ。翌年、インド・カルカッタ大学大学院に転じ、七年間にわたって当地に滞在し、サンスクリット、インド文学、インド哲学を修めた。英文で、*Systems of Buddhistic Thought* を著し、同大講師として仏教を担当することもあった。カルカッタには一九一〇年から一九一一年にかけてロシアのシチェルバツキーが滞在している。のちにシチェルバツキーが *The Conception of Buddhist Nirvana*（邦訳『大乗仏教概論』）を著した際、日本人研究者として姉崎正治、鈴木大拙とともに山上の名をあげ評価している。シチェルバツキーは山上に会った際、日本に倶舎、唯識研究の伝統が今もって続いていると聞き、それを弟子のローゼンベルクに伝えるや、倶舎に強い関心を示していたローゼンベルクはさっそく日本留学を決断したいきさつがある。カルカッタでの山上とシチェルバツキーの出会いは、ローゼンベルクが仏教研究の新分野を切り開く突破口となったのである。

山上は帰国後、曹洞宗大学教授に就任。サンスクリット、インド宗教、仏教学を講じた。テキストとして『梵文十地経』などを読んだ。駒沢女学校校長、駒沢大学学長を歴任。「一丈を説得するには一尺を行政するに如かず」を座右の銘とし、揮毫には、「法を行ぜよ非法を行ずる勿れ、真実を語れ不実を語る勿れ、深きを見よ浅きを見る勿れ、高きを見よ低きを見る勿れ」と記すことがあった（追悼録『逐浪随波』）。「法」を行じ真実を語れと説示することができたのは、よほど強い信念があったためであろう。

真言宗出身の掘至徳（一八七八―一九〇三）は当初カルカッタへ向かい、その後、タゴールが創立したシャンティニケータンの学校に入学。当地でタゴール一族の歓待を受けただけでなく、ヴィヴェーカーナンダ、画家の横山大観、菱田春草、岡倉天心、それに織田得能、大宮孝潤と多彩な人物との交流があった。サンスクリットの同義語辞典『アマラコーシャ』の日本語訳（部分）は、わが国でもその後試みた者がいない点からみても特筆すべきである。『バガヴァッドギーター』も日本語訳した。掘は「真教興隆」、つまり真の仏教の興隆をめざそうとしたが、二十七歳で現地で没した（池田久代「掘至徳『中外日報』平成二十四年三月六日―十七日付」。

やはり真言宗高野山派の長谷部隆諦（一八七九―一九二八）はサンスクリット学習を目的とし、ベナレスに向かった。ベナレスでは河口慧海、高楠順次郎、それにインド訪問中のオルデンベルクと偶然出会っている。帰国後、高野山大学で教鞭をとり、真言宗で重視する『理趣経』の梵本を校訂出版した。その後、再度『理趣経』を英訳するためにインドのプーナに向かったが、当地で肺炎で亡くなった。高楠は「堅確と熱誠」（「嗚呼長谷部隆諦君」）の人と偲んでいる。

こうした大宮孝潤、山上曹源、掘至徳、長谷部隆諦らはインド、セイロンの文化、風土を体感しつつパーリ語、サンスクリットを修め、インド文献、それに仏典を学んだ人たちである。

ところでインド、セイロンに留学後、さらにドイツ、イギリスに渡って研鑽を深めた人たちがいた。増田慈良、立花俊道、赤沼智善、山辺習学である。

真言宗豊山派出身の増田慈良（一八八七―一九三〇）は一九一二年に豊山大学卒業後、インドのバローダ、プーナ、カルカッタでサンスクリット、インド思想を学んだ。一九一八年からはカルカッタ大講師を務めたが、一九二一年、師僧の死去をきっかけに足かけ十年にわたる滞在を切り上げて帰国。その後、豊山大学教授となった。しかし学を求める志は強く、今度はドイツのハイデルベルクに向い、マックス・ヴァレザーに師事。一九二五年、帰国後、大正大学聖語学研究室の教授、副主任

（主任は荻原雲来）を務めたが、四十三歳で没した。日本での活躍は五年たらずであったが、「初期インド仏教諸部派の起源と教義」（英文）、『瑜伽行派の無我思想』（独文）、『七百頌般若経』の校訂本を出版した。増田は口数少なく、つねに机に向かい研究に余念がなく、眼を挙げることもほとんどなかったという。

パーリ語仏典に特化し海外をめざしたのは立花俊道（一八七七―一九五五）である。曹洞宗大学卒業後、セイロン・コロンボのビディヨーダヤ・カレッジでニャーニッサラ僧正にパーリ語、初期仏典を学んだあと、一九一九年、オックスフォードに向かった。翌年には木村泰賢もオックスフォードに向かっている。木村は当地で『阿毘達磨論の研究』を執筆するが、その序によると、夏季休暇中、立花から種々助言を得たとある。オックスフォードでの二人の師リス・デヴィズは一九二二年十二月二十八日に没した。この年は稲垣真我、矢吹慶輝、真野正順もイギリス滞在中で、リス・デヴィズ死亡の報を『ザ・タイムズ』で読み、稲垣真我は驚きの報（『浄土教報』大正十二年二月十六日）を日本に伝えている。それによると、この年の三月、稲垣真我は立花俊道、真野正順とともにリス・デヴィズの自宅を訪問。室内には多数の仏像が飾られ、リス・デヴィズはすでに歩行が困難だったと記している。立花はリス・デヴィズの死とともに留学を切り上げ帰国した。パーリ語のテキスト『巴利語文典』、『原始仏教と禅宗』などを著した。

真宗大谷派の赤沼智善（一八八四―一九三七）も立花俊道同様、初期仏教研究をめざし、留学前にリス・デヴィズの著書、『釈尊の生涯及びその教理』『初期仏教』の二冊を訳出している。一九一五年、セイロンに向かい、パーリ語を立花俊道と同じニャーニッサラ僧正に学んだ。その二年後ロンドンに渡り、リス・デヴィズに師事した。帰国後、大谷大学教授となり、初期仏教とパーリ語などを講じた。『漢巴四部四阿含互照録』『印度仏教固有名詞辞典』のほか、パーリ仏典から発展した多くの著作をものした。赤沼のパーリ仏典への傾倒ぶりは次のくだりからも知ることができる。

上座偈（補、テーラガーター）や上座尼偈（テーリーガーター）に於ける仏弟子の自然の観照の態度が美しいと言って、リス・デヴィズ夫人（Mrs.Rhys Davids）も既にこれに注意し、姉崎博士も指摘していられるのであるが、それは柔かな、和んだ、清らかな心に写って来る自然の結果でなくて何であらう。深い静寂の森に、天地に身を託して、三衣一鉢の外に所有のない身も心も軽い比丘が端坐する時、獣が集うて来るのも美しければ、川の辺に咲く名もない花も、美の極みであったであらう。一陣の冷風と共に天地速かに掻き曇り、電光のはためくのも、限りなき喜びの心を起さしめたであらう（『原始仏教之研究』一三四頁）。

山辺習学（一八八二―一九四四）は真宗大学卒業後、大正四年（一九一五年）、インド、セイロンで学び、その後大正五年、赤沼とともにロンドンに渡った。帰国後、大谷大学教授となる。『仏弟子伝』『仏教における地獄の研究』『地獄の話』『華厳経の世界』などの書がある。

このようにインド、セイロン、タイといった東南アジアにも多くの僧が渡った。彼らは、廃仏毀釈後の日本仏教界全体の立て直しを構想したり、ブッダが話していたとされるパーリ語の習得によりブッダの本来の教えを究めようとした。そうした中でさらに語学、仏典研究に集中してドイツ、イギリスに赴いた人たちのいたことが知られる。

チベットに向かった僧たち

黄檗宗出身の河口慧海（一八六六―一九四五）は、ネパール、チベットに仏教の原典が存在するのを知りながら、それを読まないのはきわめて残念なこと（「恨事」）、恥辱と思い、そうした仏典を入手すること、また同じ大乗仏教国でも日本とチベットとの違いを見究めようとしてチベットに向かった（河口慧海『チベット旅行記』下、二八四頁）。

ところでこのごろ原書はインドにはほとんどないらしい。もっともセイロンには小乗の仏典はあるけれどもそれはもちろん我々にとって余り必要のものではない。最も必要なのは大乗教の仏典であります。しかるにその大乗教の仏典なるものは仏法の本家なるインドには跡を断って、今はネパールあるいはチベットに存在して居るという。その原書を得る為にはぜひネパールあるいはチベットに行かなくてはならぬ（同、上、三六頁）。

むろん自身、「充分仏教の修行を遂げ、少なくとも大菩薩になって日本に帰りたいという決心」（同下、四七八頁）もあった。ところが「チベットは厳重なる鎖国なり。世人呼んで世界の秘密国と言う」事態であったから入国は不可能であった。

チベットが国を閉ざしてしまったのは隣国清とのあつれきである。一八八〇年代まで両国の関係はきわめて良好だった。チベットで仏教を初めて受け入れたソンツェンガンポ王は清から王妃（文成公主）を迎え、清もチベットをよき文化を保つ仏教の中心地とみていた。チベットの王は活きた観音菩薩であり、チベット側も清の皇帝を五台山にいる文殊菩薩の化身とみていた（河口、下、二〇八―二一〇頁）のである。

チベット側は清を支配した大英帝国のビクトリア女王についてはチベットの首都ラサにある釈迦堂を守護する女神と崇めていた。しかしながら女王以外の取り巻き連中は悪魔のキリスト教徒で、彼らは仏教を迫害すると写ったのである。チベットでも富裕層はイギリス側によるヒマラヤの麓ダージリンでの道路、病院、学校などの公共事業に感服していた。しかしイギリスはヒマラヤの南まで影響力を強め始めたため、チベット側は仏教が弾圧されると思い、ついにイギリスの探検隊の入国や通商要求を拒否したのである（平野聡『大英帝国と中華の混迷』二九一頁）。

そのためイギリスに対し解放政策をとり始めた清とチベットの間に溝が深まり、清はイギリス人を排斥しようとするチベットへの評価を反転させた。それまでチベットは清からは「仏教文明の中心」と高く評価されていたのが、逆転して「世の流れを見ようとせず、時代遅れの仏教にしがみついて無駄な抵抗をする愚かな集団」（同、二九二頁）とみなされ、清はついにチベットを見捨てたのである。その結果、チベットは鎖国政策に打って出た。こうして外国人の入国をかたくなに拒否していたチベットに河口慧海は入ろうとしたのである。艱難辛苦の末、実際にチベット入りした河口はさっそく「チベットにはインドから伝わって非常に広く行われ今もなおその経典が沢山存在して居る。既にインドで拵えられたサンスクリット語（梵語）の経典および翻訳書籍も大分チベットに存在して居る」（『チベット旅行記』下、九〇頁）のをまのあたりにし、チベット語を習得し（チベットの子供たちと話すのがチベット語上達の最良の方法と知る）、病気を治癒する僧として生活した。河口は次第に治癒僧の面で名声が高まり、それによって得た「喜捨金」（同下、四六二頁）を仏典購入の費用に充てた。

もちろん経文の買収をやって居りましたけれども、十二月になってからはお金が余程出来たものですからほかのものを買う必要はない。ただお経を沢山買いたいと思ってお経ばかりを買いました（下、一三九頁）。

チベットを後にし、ネパールに入国してからもカトマンドゥで「漢訳大蔵経」を献呈し（現在ネパール国立公文書館所蔵）、その見返りに「私が必要と思う梵語文典の目録」を見せてもらい（同下、四六八頁）、合計三百四十六部を入手した。これらの写本類や文物はのちに東北大、東京帝大、大正大に納められた。

帰国後、一時、東洋大学、宗教大でチベット語を教えることもあったが、五十九歳で還俗してしまう。その理由は著作『在家仏教』から知ることができる。

然らば今後改めてそれ等を総べて持つことが出来るかと云ふに、それは全く不可能である。不殺生、不偸盗、不妄語の三大重戒及び不飲酒、不非時食、不食肉等の至要なる戒法は護持することが出来ても、性慾に全く打勝つことが出来難くして時々犯戒の危険に陥らんとした。（略）その上釈尊の讖言によれば、現代は全く無比丘の時代である。されば比丘僧としての生活は時代逆行である。然るにただ旧習に随って着ける法衣は虚偽の法衣である。欺瞞の装飾である。この虚偽欺瞞の法衣を脱ぐことを大に喜ばねばならぬと考へて、唾沫の如くに捨て去る事が出来たのであった（『在家仏教』二六五―二六六頁）。

河口のいう末法といえる時代に戒を保つことは全く不可能であり、初期仏教時代の戒を保つとされる東南アジアの僧といえども、「通貨をハンカチーフの一端に包み」（同、一六五頁）込み、戒を守る精神が失せ、ひっきょう世に「出家」本来のありかたを体現した僧はいないと断じた。日本仏教にも「宗派仏教を根本的に破壊しなければ、真仏教の光明は現われないことを見出したのであった」（同、二〇八頁）と、もはや法衣を着続ける理由はないと判断したのである。

チベット出発前、仏法を求め、大菩薩をめざすと公言した河口であったが、こうして還暦を前に俗人となった。当初、汚れなく純粋で明澄な心で仏道を求めようとしたのであろうが、一切に妥協することなく、俗人に戻ったのである。しかしチベット仏典、サンスクリット仏典研究の上では大きな足跡を残している。

なおチベットにはその後、西本願寺大谷光瑞の命により真宗の僧が三人向かっている。

寺本婉雅（一八七二―一九四〇）はチベット仏教を学び、帰国後、大谷大教授となり、多田等観（一八九〇―一九六七）はチベットに十年滞まり、ダライラマ十三世からの籠愛を受け、門外不出であったデルゲ版チベット大蔵経全巻、そのほか二万四千部の文献を入手した。帰国後、『西蔵大蔵経総目録』ならびに『西蔵撰述仏典目録』を完成させた。青木文教（一八八六―一九五六）は一九二〇年にチベットから帰国後、滞在記『西蔵遊記』のほか、『無量寿経』のチベット訳『無量光如来荘厳経』を日本語訳した。

鈴木大拙とサンスクリット

この時代、のちに禅の上で顕著な業績を残した鈴木大拙（一八七〇―一九六六）も河口らと同世代の人であるが、彼はこの時代のサンスクリット研究をどうみていたか。アメリカでの生活を切り上げる直前の一九〇七年、三十七歳の時、リス・デヴィズが編集する『パーリテキスト文献研究』に「仏教における禅宗」(The Zen Sect of Buddhism)と題する論稿を寄稿している。この研究誌は原則、パーリ語もしくはサンスクリット文献研究の掲載を意図したもので、前号(一九〇六年)には高楠順次郎が漢訳で伝わるアビダルマ文献の紹介、大拙と同じ号には渡辺海旭が『イティヴッタカ』に対応する漢訳経典の存在、姉崎正治が『スッタニパータ』に対応する漢訳仏典について、と、この時期、集中して日本人四人による投稿が続いている(ちなみに一九一六年には長井真琴が『解脱道論』と『清浄道論』を対比した論文を掲載している)。帰国直前の大拙のこの英文論文は自身、生涯を通じて追求した「禅」が「禅宗」の名に由来することを公表したものとして注目すべきである。

大拙はこの論文が発刊された翌明治四十一年(一九〇八年)、ロンドン滞在中、渡辺海旭に天台山伝来の梵語の写真を手渡した。この間のいきさつについて渡辺は、

予(補、渡辺)は鈴木大拙君の厚意で、この稀有な梵本の写真を見るの幸運に会した。鈴木君がまだロンドン滞在中のことであった。ある人から此古写本の写真を借覧したとの通信があり、次で該写真を手に入れたとの報を得た。同君がパリに遷ってから遂に此珍奇な材料の送致を受けて右に関する報告書を同君に書いた(「天台山珍蔵の古梵本につきて」)。

と、この梵本はドイツ人宣教師ハックマン(「ある人」のこと)が天台山の僧から入手したもので、それをさらに大拙に転贈したものという。大拙はロンドンで出会った渡辺にその解読を委ねたのである。

大拙は、帰国後、学習院大を経て大谷大に転任し、同僚の泉芳璟と禅思想に深い関わりのあるサンスクリット本『入楞伽経』の校訂研究という大きな仕事をした。もっとも大拙の主たる目的はその英

訳であった（学位も取得）。これに関連して大拙は、

ところで梵学者の多くは、仏典の研究を文字の上からする傾向がある。これは止むを得ぬことだ。文字が正確に読めなくては、その義を解するわけには行かぬ。字義の詮索は文法的にも歴史的にも大いにすべきである。併し又他の方面から見ると、余り字義に囚はれものは、個々の樹木をのみ見て、森の全体を忘れることがある。個々の樹木の研究も必要だが、森全体の真相を一攫みに握ることも亦大いに必要だ（「梵文英訳の刊行につきて所感を述ぶ（『鈴木大拙全集』別巻一）。

と、自身は学者でもましてサンスクリット学者でもないから「字義の詮索」はしないといい、さらに、

今まで何か梵文の仏典の欧州文に訳せられたのは、何れも欧州人自身であった。その人達は梵学者ではあるが仏教者ではないので、仏教の精神が汲み取れぬ。それで、その人達の訳典を読んでもどうも満足が行き兼ねる。どうしても、仏教の伝統に入り、その精神をいくらか了解したものでないと、善い訳は出来ぬ」。自分が『楞伽経』の英訳を試みたのは「何でもその時その時に出来るだけやっておく、後の人はこれを踏まへて又一歩先へ出る。踏まへられて行けば、それで始めての人の役目はすむ。学者が自分の功を誇らんとする習癖のあるは卑しいと、予は感ずる。

とまでいう。大拙自身には「禅のモットーは〈言葉に頼るな（不立文字）というのである〉」（『禅と日本文化』）の信念があり、サンスクリットも仏教を知る上での単なる手段にすぎないとみていたのである。

サンスクリット文学の翻訳

一般文学物については日本からの留学生たちが仏典を学ぶ上で、サンスクリット習得の必要から読んだ傾向が強い。いずれの留学生も文学物を読むのを目的としてヨーロッパ、インドに赴いていないからである。たとえば多くの日本人留学生を受け入れたドイツのロイマンは留学生に当初、教理に関するものでなく、文学、物語をとり上げていた。一九〇一年の講読科目は『マヌ法典』(社会規範の準則書)、『シャクンタラー姫』(劇作家カーリダーサ作)、『ヒトーパデーシャ』(教訓物語)『ナラ王物語』(『マハーバーラタ』の一節でナラ王とダマヤンティー姫の美しい愛の物語)、『リグ・ヴェーダ』(バラモン教の根本聖典)であった。セイロンに留学した立花俊道も手始めに『ヒトーパデーシャ』を受講したという(宗茅生『五章の物語』序)。『ヒトーパデーシャ』と同じく寓話、箴言による教訓物語『パンチャタントラ』、それにカーリダーサ作『ラグヴァンシャ』の二つについては徳永(宗)茅生がドイツから帰国後、日本語訳して出版した。双方ともにロイマンの授業で読み、日本での出版を勧められたという。

とりわけ『シャクンタラー姫』といえば、インドのシェークスピアとも称されるカーリダーサの作品で、ウィリアム・ジョーンズがサンスクリットから英訳(世界初)し、ヨーロッパに紹介した。その反響はきわめて大きくドイツの文豪ゲーテが、

「一年の若い季節のすべての花を、その終わりのすべての果実を、心を魅らせ、恍惚とさせ、充ち足らせるものを、この天と地とを求めるなら、ただ一語で表せば、私はためらわずにその名を呼ぶ、おお、シャクンタラー!」(葉舟重訳)。

と、絶賛したことからも知られる。

チベットに仏典を求めて赴いた河口慧海はチベット仏典以外にサンスクリット仏典も大量に入手している。河口がいうにはそれらの仏典写本を読むために、インド・ベナレスの中央ヒンドゥー学院（現ベナレス・ヒンドゥー大学）に一時的に入り、サンスクリットを学んでいる。その際、師ラシカ・ラール・バッターチャルヤと読んだのも『シャクンタラー姫』であった。

泉芳璟

河口は『シャクンタラー姫』を日本語訳し終え、帰国後出版する予定でいた。しかし仏教聖典の講読、研究を第一とし、またその日本語訳を平易にとの意向もあってそのままにしていた。そこに大谷大の泉芳璟（一八八四―一九四七）が『中外日報』誌上に全訳を発表。それを河口に持参すると、自分もすでに訳出している、だが君の訳はインドの実際の風土、習慣を知らずに訳しているため、多くのずれがあると論評した。この発言に泉は俄然、一念発起し、在職中であった大谷大学教授職をなげうってインド、欧州に向かった。この決断は見事である。

泉は一九一八年から二年間にわたってインド、欧州を訪歴し、帰国十年後に『印度旅日記』を出版した。これは小冊子ながら河口の『チベット旅行記』に比すべき精彩のある内容である。泉はセイロンのコロンボからインドへ渡り、カルカッタ、ベナレス、ボンベイ、プーナ、バンガロール、北はダージリン、それにアフガンのペシャワールまでを踏破した。泉自身によれば「足跡全印度」（序）という。なかでもマイソールには四カ月、カルカッタには七カ月と長期にわたって逗留した。セイロンからインド横断の旅ゆえか、自然描写についても鋭い観察が随処に認められる。
　セイロンではアバヤギリ僧院跡周辺を「広漠たる森林、その森林のそちこちに到る處石柱石梁の崩壊したもの、床石の半ば埋れたもの浴場の跡らしいもの、僧房の跡、殿堂の跡ざらに散在している、まったく二千年前の文明がこの森林の底に沈黙して横はっているのだ」（二十八頁）「時々に降って来る霧のやうな細かい雨が荒墟を訪れるにふさはしい光景を展開する。樹々の葉はみな露に光、その間を行き交ふ猿猴が三々五々驚いて逃げ廻る中を悠々として馬車を進ませるは何とも云へぬ愉快だ」（二十九頁）
と書いている。インドのマイソールでは、「〈マラヤの風は栴檀の薫りをこめて吹く〉と詩人が歌っているやうに、マイソールには到る處栴檀の木が生じている。実に強烈な香気をもった樹木で、印度人は何につけこの香料をよく使ふ」（三十六頁）
と、サンスクリット文献に頻出し、詩人も謳い上げる栴檀の木はじつに香気芬馥と報告。あるいはベナレスでは、「東南岸は一面の白砂だ。予は舟人に命じてその白砂へ船を着けさせ、大数を譬へる時に何時も慣用されるかの恒河砂のその一握りを採集した」「恒河の平原は広々として見渡す限り目を遮ぎる山もない。野には麦がもう穂波を立てている。ベンゴール（補ベンガル）の土人が常食にするグラムと云ふ穀物が黄色の小さい寂しい花を見せている中に、四方八方へ思ふ存分手を展げた榕樹、ニム、マンゴー、タマリンドなどが森林をなしている」（七十五頁）
と観察。デカン高原を通る汽車の窓からは、「殊に遠山夕立雲のやうに歌っていて、古城のやうなその嶺頭が夕日に映えているところなどはカーリダーサの雲の使ひの構想が浮ぶのに何の無理があらう

と思はせる」（八十頁）

と、日本で読んだカーリダーサの『雲の使者』を彷彿とさせる光景がひろがるという。都市についても、「アグラの街は瀟灑で優雅、殊に郊外の景色は快い感じを与へる。閑静な緑の生垣を繞らした青い草の茂った、見るから心地のいい邸宅が広々と建っている。ボンベイやカルカッタあたりの櫛比した煩雑な家居のさまとは全く別天地の感がある。デリーにもこれ程の暢やかな景色は見られない。ベナレスが印度教寺院の都市として恰も京都のやうだと云った人があるが、これが許されるならば、アグラは回教寺院の都市として亦その観があると云ふことが出来よう」（百頁）

と、アグラ、ボンベイ、カルカッタ、ベナレスといった四都市の街風景を対比している。

ブッダ修行の地、尼連禅河では、仏典にブッダが苦行の末、河から土手に登る力がなく、樹の枝につかまってようやく上がれたとあるのに、「河幅は何町とも知れず遠く広く白い砂が連っている。水は無い。果してこれが尼連禅河だ。（略）聞くと見るとは大違ひ、樹はあるが大きな高い樹ばかりだ」（五十八頁）とする。

ベナレスではインド教寺院の外部は壮麗なのに内部は割合つまらなく、リンガ（男根）とヨーニ（女根）の結合を表わす祠は街の至るところにみられる（七十頁）。知り合った大学教授の二人の男女の子の名をサロージャニー、ヴェンカタードリと聞き、梵語のサロージャ（蓮花）、アドリ（山）に由来し、「予の血管がこの固有名詞に連絡しているかのやうに感ぜられる」（六八頁）と感激。

研究の上で必須の資料である貝葉についてはコロンボの博物館で買い入れ（二七頁）、サンスクリットについてはマイソール大学で「学匠に就いて古典を読」（序文）んでいる。大学の正面玄関の上方にサンスクリットで「知識に比すべきものはなし」と掲示されているのはさすがにサンスクリット研究の本場だと感歎している（三十七頁）。

全インドのどこでも通用する話しことばはヒンドゥースターニーで、その中には梵語系統のことばがたくさん含まれているという知見も得ている（五七頁）。

泉が移動手段としたのは汽車、馬車で、道行きはいつも独りであった。汽車では日本のように駅で弁当など売ってないため、現地人は前もって食物、水を携帯している。もっともインド人は二食でこと足り、空腹なら水分を摂るだけで、今日は誰々の日ということでよく断食をする。どうやら、それが身体壮健のもとらしいと伝えている（五五頁）。

なお渡欧の記録は残ってないが、ただボンベイでイギリスへ発つ船を待っている間とか、インドでは荷物を下僕に持たせねばならない（八一頁）のに、イギリスでは相当な夫人令嬢まで大きなスーツケースを持って歩くとか、カルカッタの博物館をブリティッシュ博物館にいるような気分（五一頁、旅日記は帰国後の執筆）とある記述から渡欧したことがうかがえるだけである。

二年の外地滞在を経て帰国三年目に、河口と約束していた『シャクンタラー姫』の日本語訳を出版した。他方、泉訳にクレームをつけた河口は泉の出版した翌年になってようやく鈴木重信との共訳で出版した。

泉は大谷大教授に復帰し、『金光明経』、『無量寿経』『華厳経』といった仏典の解読に打ち込むとともに性愛文学の『カーマスートラ』を翻訳し始めた。「カーマ」は広くは「欲望」一般を意味し、むろん「性愛」をも含む。古来インド人にとっての人生の三大目的、つまりダルマ（社会軌範）、アル

タ（財産）とともに重視されてきた。『マヌ法典』（社会の法、準則を規定）にも、
（人間が）欲望（カーマ）を本質としていることは褒められない。しかしこの世において、欲望がないという状態というのはありえない。（略）欲望のない者の行為などこの世のどこを探しても認められない。なにをしようともそれはすべて欲望のなせることである（二・二、四、渡瀬信之訳）。

と定義される。泉が性愛文献に魅せられるようになった契機は、自身の嗜好もあったろう。が、そのほか仏典の『般若理趣経』（これはロイマン、渡辺海旭が中央アジア出土文献の中から発見したもの）を高野山大学教授栂尾祥雲と共訳した際、その劈頭に「妙適清浄句」とある「妙適」がサンスクリットでスラタ（surata）とあり、「男女性愛の欲楽」（泉『仏教文学史』下、それが浄化されるならば菩提の資糧（かて）になる）を意味すること。インド滞在中、前述のようにヒンドゥー寺院の主神たるシヴァ神が露骨にリンガ（男根）、パールヴァティー女神がヨーニ（女根）として祀られているのを実見したこと。マイソール滞在中、公立図書館長ランガスヴァーミ・アイエンガルが『カーマスートラ』の英訳を進めていたこと。それに泉が日本語訳したカーリダーサの『季節集』（雨季の巻）の一部に、

婦女たちは腰にまで垂るゝ長き髪　芳香ある花かざり　華鬘かけし胸　シードゥの酒の香ある口もて　情人の慾情を生ぜしむ（泉芳璟訳、一八）
婦女たちは高まれる美はしき胸の上に頸かざりの絲　肥えたる臀部（いさらひ）には薄く白き衣（きぬ）着け　新しき雨に濡れて　三條の線（すじ）見えたる腹にぞ　高まりたる毛線あらはるゝ（同、二五）。

たのであろう。

と、崇高にして匂い立つばかりの色香の描写があることなどから性愛文献への傾斜は自然の流れだっ

ただし『カーマスートラ』出版の際には、「学術の対象として印刷配布す濫りに公衆に示すべからず。印度学会基金に充つるためにこの書を翻訳し、虔んで学芸の神壇に捧ぐ」と中扉にしるし、「断じてかの劣情挑発を目的とする淫本などの類ではない」「公衆の目に触れしめざるやう注意せられたい」と細心の注意を払っている。

泉は『カーマスートラ』（泉は「愛経」と訳す）に続いて同系の『ラティラハスヤ』（同じく「愛秘」）も翻訳した。後者の冒頭には「世に性愛（補、スラタ）は真随なり。一切世界の快楽これより生ず」（『インド古代性典集』一五二頁）とあり、これは『般若理趣経』の「妙適」そのものである。『愛経』『愛秘』ともに「処世上の知識の古典」で、「宗教とは何等の関係がない」（七二頁）とはいえ、「驚くべき偉大なる著作である。決してこれ誨婬の書ではない。教育本義の古典である」（七二頁）と、終始道義的な研究者としての姿勢を堅持している。

ところがこの二書ともに発禁処分を受けてしまう。その理由について『印度旅日記』に「時運非なるか、抑も亦予の見解の誤りか」（七二頁）と点綴している。

生涯を通じて泉の研究活動は「八面六臂」（金沢篤）であった。文学物に限ってみても、部分訳に『雲の使者』、ソーマデーヴァ作『カターサリットサーガラ』があり、『ナラ王物語』『二十五鬼物語』の二つには全訳がある。

泉のサンスクリット翻訳の顕著な特色として、たとえば『犍稚梵讃』（漢訳は全篇音写語）の冒頭

の訳をサンスクリット研究の第一人者であった辻直四郎訳と対比してみよう。

曾て菩提（樹）の下に、日の行く路を、悪魔は鎧を着けてガーグリン、…婦女は麗しき容姿にてドゥドゥパティ、決して動ぜざりし人天に敬礼せらるる釈迦師子は我等を護りたまへかし（泉『仏教文学史（下）』）。

かつて菩提樹の根本において、日の通路（かよいじ）より（迫る）マーラ（摩羅）、ガーグリン、…腰帯固く装いし（マーラの配下）によりても（心乱されず）、天つ姿の女たちによりても、ドゥドゥパティ、…心乱されざりし者、人天等しく敬うところ、シャーキァ族の獅子（仏陀）が御身らを守護せんことを（辻直四郎『名著通信』第九号）。

これからみても泉訳は明解無比である。泉にとってサンスクリット読解は水を得た魚のごとくであったらしい。というのも「梵語は世界中で我々にとっては一番やさしい言葉」（驚愕すべき見解）といい、とくにサンスクリットからの訳語に旦那、馬鹿、和尚などがあり、普段日常語として多数使われているから親密であり、西洋人が教理を理解した上で取り組むような困難もなく、文章の組み立ても単純、かつ繰り返しが多いからという（「梵語学を修めんとする人に」）。

泉はそれまで日本人の誰もが挑まなかったおおらかなインドの性愛文学の分野に果敢に深く分け入り、直接原典から翻訳したパイオニアであるだけでなくこの分野の第一人者であった。泉は若き日から南条文雄の右腕となって『法華経』（一九一三年）、『入楞伽経』（一九二七年）『金光明経』（一九三一年）を、鈴木大拙とは『華厳経』「入法界品」（一九三四年）を訳出したように、仏典はむろん文学物、性愛文献の三つの分野で大きく貢献した。

おわりに

すでに述べたように、ヨーロッパで一八世紀には原典にもとづくインド研究がいわば「黄金時代」を迎えていた。日本では廃仏毀釈後、仏教界がとった方策の一つとして仏典の原典研究、それに付随したインド研究があった。それは当初ヨーロッパに留学した人たちによって開始され、二、三十年の後にはインド、セイロンに留学した人たちが加わり、そうした人たちによってサンスクリット、パーリ語が諸大学で開講されていった。

イギリスに初めて留学した南条文雄から四十年（一九三〇年）後の各大学で開講されたサンスクリット、パーリ語の講座は次のとおりである。

東京帝国大学　サンスクリット　福島（辻）直四郎
　　パーリ語　長井真琴
京都帝国大学　サンスクリット　榊亮三郎、常盤井堯猷
東北帝国大学　サンスクリット（パーリ語含む）　宇井伯寿　金倉圓照
九州帝国大学　サンスクリット　小野島行忍
大正大学　サンスクリット（パーリ語含む）　荻原雲来
　　サンスクリット　増田慈良
立正大学　サンスクリット　岡教邃　山本快龍
　　パーリ語　長井真琴
駒沢大学　サンスクリット　山上曹源

	パーリ語	立花俊道
東洋大学	サンスクリット	池田澄達
	パーリ語	長井真琴
日本大学	サンスクリット	山本快龍
智山専門学校	サンスクリット	山本快龍
大谷大学	サンスクリット	泉　芳璟
	パーリ語	赤沼智善、山辺習学
龍谷大学	サンスクリット	本田義英、山田龍城
	パーリ語	明石恵達
高野山大学	サンスクリット	長谷部隆諦
仏教専門学校	サンスクリット	榊亮三郎

このうち、九州帝大の小野島行忍は東京帝大卒業後、九州の助教授となった人。サンスクリット文学を専門とし、カーリダーサ作『季節集（リツサンハーラ）』『雲の使者』の訳がある。岡教邃は日蓮宗の僧でカルカッタに三年滞在した。佐渡出身の山本快龍は東京帝大卒業後、川崎大師平間寺で得度、智山専門学校教授となり、昭和十八年、大正大学と合併後は同大教授、同二十一年に梵文学主任となった。東京帝大、慶大、立正大、日大で教鞭を執り、五十六歳で没した。日蓮宗出身の本田義英は京都帝大卒、一九三五年、教授。退官後は立正大で教鞭をとり、『仏典の内相と外相』、『法華経』などに関する著作がある。広島出身の明石恵達は仏教（龍谷）大出身でインド留学後、龍大教授とな

り、『唯識二十論』『西蔵語文典綱要』に関する著作がある。

このように帝大だけでなく、ほぼすべての仏教系大学でパーリ語、サンスクリットの講座が定着していった。

ところでパーリ語を含むサンスクリットの移植はもっぱら日本からヨーロッパ、東南アジアに留学した人びとによって導入された。これに対しヨーロッパの学者あるいは東南アジアの僧たちが教鞭をとるのを目的として来日した例は皆無に近い。わずかな例として、シルヴァン・レヴィが三度目の来日時に、東大でクチャ語を含むインド文化を講義したこと。あるいは東大で最初にサンスクリットの授業を持った南条文雄のあと、高楠が帰国するまでの二、三年間、ドイツ人フローレンツがサンスクリットの教鞭をとったが、それも博言学（言語学）の傍らであった。一九二〇年代にニャーナティローカが足かけ五年の間、宗教（大正）大、曹洞宗（駒沢）大などでパーリ語を教えたことがあったが、それも第一次大戦の戦乱を逃れての日本滞在中のことである。東南アジア仏教国からも来日した僧がいないのは、日本の一般仏教徒の間に当地の仏教は「小乗仏教」と蔑視した歴史認識があったためと考えられる。セイロンで「今釈迦」と讃えられたスマンガラの来日話もあったが、日本側に迎える気運が醸成せず、実現しなかった。

では仏典の原典研究が定着し始めるにつれ、原典研究者と伝統的な漢訳にもとづく研究者の間にあつれきはあったか。たとえば望月信亨（一八六九―一九四八、のち学士院会員）の場合、浄土教史をインドからまとめ始め、『浄土教の起源及其の発達』という大著を著わした。けれども、わずかに『無量寿経』のサンスクリット本は本願の数が漢訳本に比べて一つ足りないとするだけであったり、

『浄土教の研究』でも「近代梵文無量寿経が尼波羅国に於て発見せられたる事実」（七三頁）があると指摘するにすぎず、原典研究には立ち入っていない。あるいは漢訳仏典だけに基づく法相学の大家佐伯定胤（一八六七―一九二九、のち学士院会員）は、大正一五年（一九二六年）、東大に招かれ講義することがあったが、彼は講義後の感想について、

> 大学講義、段々進渉、来（二月）十三日にて修了可仕候、二時間講義、一時間質問応答致候、諸博士の珍奇なる、幼稚なる質問には、只驚き居申候、唯識は従来考へ居たる如き、単純なるものにあらず、中々難関なるものなりとの概念丈与へ申候、兎に角、何れも一生懸命に熱心に聴講中居候（富貴原章信「佐伯定胤老師―法隆寺の故和上を偲んで」）。

と、こと法相（唯識、倶舎）の教学面で東大の博士たちが珍問、幼稚な質問を連発し当惑したという。双方はかみ合わず、敬意を表しただけで終わっている。

原典研究の進展に伴い、伝統的な宗派の教義との関わりはどうであったか。南条文雄、笠原研寿の二人は、自分の属する宗派、浄土真宗で重視する漢訳『無量寿経』で最も重要な第十八願の文にある「至心回向」に当たる原語がないのに当惑している。

> 不思議なことには、真宗の教義中最も大切な点とされている第十八願成就の文中、至心廻向の一句に相当する文のないことを発見し、笠原君の帰って来るのを待ちかねてこれを話して、数日間ほとんど寝食を忘れてこれを謄写したのであった（『懐旧録』一一七頁―八頁）。

二人は原典研究の成果を宗派の教義に持ち込むのを躊躇し、ついに不問に付した。

とはいえ原典研究は伝統教団で重視する仏典の語句が漢訳だけでは不明であった個所を理解する上

で大きく貢献したのも確かである。ただし各宗で規定された「日常勤行式」はインド初期の僧院で『解脱戒経』を一字の間違いもなく正確に読誦していたように、漢訳の経文を忠実に読誦するのを必修とする。たとい漢訳に対応する読誦文にパーリ語、サンスクリットの原典があろうと漢訳文が第一であり、原文もしくはその日本語訳文に取って代わることはなかったし、今後もないであろう。漢訳の経文だけに言霊が宿るという強固な伝統があるからである。

薗田宗恵のベルリン留学

サンフランシスコからベルリンへ

薗田宗恵（一八六二―一九二二）は西本願寺の大教校卒業後、東大で哲学を学び、西本願寺文学寮教授に着任した。その後、西本願寺派からアメリカ初代開教使に任命され、サンフランシスコに赴任したのは三十七歳の時であった。氏のサンフランシスコ出発直前の様子について『明教新誌』にはこうある。

明治三十三年八月五日　薗田宗恵の米国出発
本願寺派より米国布教を命ぜられたる同氏は去る五日午後八時七條発の汽車にて東上し、去る九日には上野精養軒にて知友集まりて送別会を開きたり（『明教新誌』）。

渡米直後の動向についてはすでにサンフランシスコに滞在していた浄土宗の荻原得定が次のように報告している。

明治三十三年　開教主任薗田文学士は初め英語不熟練の為土地の新聞など嘲笑的の筆鋒を逞くせしが同師不屈の精神、熱血の所洒、且つは仏陀の冥助もあり、之が為却て仏教に注意するもの益多く相成、今にては英人博士ノルマン氏（此人は緬甸に二十年も滞在いたし仏教に中々明るき好漢に候）指導の下に十数人の白人同志相会し毎週当青年会の客室に集会し仏教研究の熱心、有難く覚え候、ノルマン氏は比丘とならん決心なれど、薗田師は機の純熟するを待たるる様子に御座候。在米桑港、仏教青年会にて　荻原得定（『浄土教報』三八六）

荻原によれば、薗田は不屈の精神をもって英語、仏教を学び、上達めざましいものがあると伝えている。

渡米八カ月後、薗田はやはり西本願寺派からドイツのベルリン大学留学を命ぜられた。ヨーロッパで確立していた仏典の原典研究が目的であった。すでに真宗各派ではイギリス、フランス、ドイツに留学生を送り込み、南条文雄、高楠順次郎、常盤井堯猷などが帰国後、サンスクリット、チベット語などの教鞭をとり始めていた。薗田は布教活動から一転して原典研究の面で嘱望されることになったのである。薗田が赴いた当時のベルリンには日本からの視察員、あるいは留学生が総勢五十人以上（一説では百人）、医学、工学、法学、哲学などの分野で滞在していた。薗田はアメリカ滞在時より日記（『米国開教日誌』）を残しているため、そこから氏の動静を知ることができる。ベルリン大学留学中のインド学の講義状況は次のようであったという。

明治三十四年（一九〇一年）四月二十四日
今朝初めて大学に趣きて講義を聞く。

第一年度夏学期	ジムメル（Prof,Simmel）	宗教哲学
	ゲルトネル（Prof,Geldner）	梵語文典
第一年度冬学期	ゲルトネル	梵語
	ハルナック（Prof,Harnack）	教会史
	パウルゼン（Prof,Paulsen）	スピノーザ「エテイカ」
	ウェーベル（Prof,Weber）	リグ・ヴェーダ
	フート（Dr,Huth）	ブッダの生涯と教義

第二年度夏学期　ピッシェル（Prof.Pischel）　リグ・ヴェーダ
　　　　　　　　ゲルトネル　　　　　　　　マヌ法典
　　　　　　　　ハルナック　　　　　　　　古代教会史

これによると、薗田はインド哲学、宗教学の授業に参加している。インド哲学に関しては、インド最古典の『リグ・ヴェーダ』についてヴェーバー（一八二五―一九〇二）、ピッシェル（一八四九―一九〇八）の二人が同時に講義し、ブッダの伝記と教義についてはフート（一八六七―一九〇六）が講じていた。

ヴェーバーと姉崎・薗田

当時、ドイツ・インド学界で最長老であったヴェーバーは、若き日にベルリン大学インド学のポストをマックス・ミュラーと争った人物である。氏はベルリンに着任以来ずっとドイツ・インド学界を牽引していた。薗田と同時期に浄土宗留学生として同じドイツのシュトラースブルクにいた渡辺海旭はヴェーバーについて後年、次のように回顧している。「独逸梵学界の中興」で、「現在独逸諸大学の梵学者は半ば氏の門下から出て居る」（『欧米の仏教』）。

薗田はヴェーバーには講義だけでなく、個人的にも接し得たという。

明治三十四年八月三日　ウェーベル 先生 Prof.A.F.Weber）を訪問し、リス・デビズ氏（J.H.Rhys.Davids）への紹介状を貰ふ。なかなか盛なる老博士なり。

ところがヴェーバーは初対面の四ヶ月後、七十六歳で死去してしまった。

同年十二月一日　ウェーベル 先生 Prof.A.F.Weber）昨日逝去の旨、今日の新聞にて知り、落胆甚だし。

十二月三日ウェーベル 先生葬式に付グロート（Dr.A.Groth）と共に会葬す。埋葬地は Riddorf Jakobskirche なり。

薗田はヴェーバー没後、かれの蔵書入手についてこういう。

明治三十五年一月三日　故ウェーベル 先生の文庫の件に就て令息ハインリヒ・ウェーベル氏（Dr.Heinrich Weber）を訪ふ。

薗田の日記編集者の注に「一、二か月間、光瑞新法主との連絡のもとに絶えずウェーベル令息との交渉を繰り返している。ただしその交渉が成立したかのか否か、判然たる記載がないので遺憾ながら不明である」とある。

オックスフォードにいたマックス・ミュラーが没した後、その蔵書を東大が買い取った経緯があるが、本願寺派ではヴェーバーの蔵書購入へと動いたのである（結果は不明）。

薗田と時を同じくしてベルリン大学でインド学の講義を聞いた人に姉崎正治（一八七三―一九四九）がいる。姉崎は文部省派遣の第一回海外留学生としてドイツばかりでなく、イギリス、インドなどを歴訪した。姉崎は当初、バルト海に面したキールで教鞭をとっていたドイセンに師事、その後ベルリンに移ってヴェーバーに師事した。姉崎はヴェーバーの講義に参加した最後の学生であった。

ウエーベルの講読には自分の他に一人登録者があっても、多く欠席したので、実際は殆どいつも自分一人であった。そこで半盲の老教授（八十二歳か）を、帰りにはその宅へ送り届けること毎度であった。この頃のドイツ大学には定年制はなく、教授には随分老人があり、聴講者の少い人も多かったが、ウエーベルの如きはその標本であって、これが同教授の最後の学期、自分が最後の学生となった（『わが半生』、八七頁）。

これによれば、姉崎はヴェーバーの最後の授業を一対一で聞き、終わった後は師を自宅まで送り届けたという。姉崎はキールで眼疾のあったドイセンの助手のような仕事をしたが、してみるとベルリンでも師を自宅まで送るという同様な行動をとったことになる。薗田はヴェーバーの死に際して続けて次のようにいう。

昨年中の悲しき出来事は、我梵語教授ウェーベル老先生の逝去・・・に候。小生がウェーベル氏に就きて婆羅門正依の経典ベダを聴講するは、多少分を過ぐるの嫌ありしも、先生も最早や老年にて何時の事も知れぬ故、今一度は其講義を聞き置かねば、自己の力量の備はる迄待ち居る内に、後悔する事も起るの慮あるべしと思惟し、無理ながら聴講致し候処、七八回も進みてから突然死去され、自分の予想が事実に顕はれ候は実に悲しく候。就中昨夏英国に趣くとき先生には英国の巴利語の大家リス・デビズ氏に対して紹介状を認め呉れし為め、同氏を亜細亜協会に訪問せしも折悪しく氏は数日間欠席されて面会を得ず、右の紹介状が空しく遺物となりて小生の手に残り居候は涙の種に御座候。先生が学界の泰斗たるは世既に定論あれば、今更茲に贅弁するの必要無之候（略）

薗田のいう「学会の泰斗」ヴェーバーの死は講義七、八回後の突然の事態であった。

ベルリンのインド学

薗田が滞在した当時のベルリン大学におけるインド学の布陣は先の講義一覧にあるように、ヴェーバー以外にも、綺羅星の如きインド学者たちが教鞭をとっていた。その一人、ピッシェルは二十二歳でブレスラウ大学でシュテンツラー指導のもとでカーリダーサの『シャクンタラー』諸本校訂で学位を取得。その後、教授資格論文を「プラークリット文法学者たち」として提出。二十八歳の時よりヘーマチャンドラ（十二世紀）作のプラークリット（サンスクリット以外のインド方言）文法の解読を開始し、三年目にその文法と辞典を校訂出版した。五十一歳（一九〇〇年）の時、その集大成というべき画期的業績、『プラークリット文法』を出版した。プラークリットはサンスクリットを除く途方もなく広範囲な言語分野であるが、その文法書を完成させたのである。むろんこの文法書は今でも使用されているように、この分野では金字塔といわれる業績である。薗田が留学した時（一九〇一年）、ピッシェルはハレからベルリンに転任したばかりであった。

ゲルトナー（一八五二―一九二九）もピッシェルより一年早くハレからベルリンに着任していた。ゲルトナーは当初からアヴェスタ、それに『リグ・ヴェーダ』を専攻し、ハレ在任中にはピッシェルと出逢っていた。二人はベルリンに着任後、ともに「ヴェーダ」研究に集中し、共著で数年おきに「ヴェーダ研究」を計三冊発表。ゲルトナーは『リグ・ヴェーダ』を「インド精神のもっとも重要かつ古代の作品」とみなし、その後、単独で『リグ・ヴェーダ』の全訳を完成。現在ハーバード・オリエンタルシリーズの中に三冊本として収められている。氏には「『マハーバーラタ』にみられる天女（アプサラス）」というユニークな論文もあり、厖大な分量の『マハーバーラタ』をも深く読み込んでいた。

当時、フートもベルリンで教鞭をとっていた。彼はブッダの生涯と思想について講じていたが、ドイツ・チベット学の開拓者であった。ベルリン在任中はピッシェルと同じく中央アジアの碑文学に集中した。薗田留学二年目の一九〇二年、ドイツはロシアに続いて中央アジアとりわけトゥルファンに探検隊を派遣した。その際、フートもベルリン民族博物館のインド部長グリュンヴェーデルを隊長とするグループの一員として参加した。一九〇四年までの二年間、現地に留まり、民謡、民話の蒐集、トルコ語の習得に努めたが、帰国して二年後にベルリンのカッフェーで悩卒中で没している（渡辺海旭の報告）。

ベルリン大では薗田の記した講義以外にガルベ（一八五七―一九二七）も講義していた。ガルベはヨーガとサーンクヤ学派を専門とし、のちにテュービンゲンに移っている。薗田と同じ時期ベルリンに滞在中の姉崎によると、ガルベの講義とジンメルの講義の時間がかち合ったため、姉崎はガルベの講義を選択している。姉崎はこの間のいきさつを自叙伝に次のように記している。

ベルリン大学在学で記憶している事の一つは、先生から授業料を取りもどしたことである。それというのは、初めジンメル Simmel の講義に出る様に届出をして授業料を納めておいた。然るに暫くして、時間の変更でガルベのと衝突することになったので、ジンメルの方を取消し、又授業料の返還を要求した。ところが事務室では、もう先生に渡してしまったから、先生に交渉してくれとの事、そこで教室で、ジンメルの講義がすむのを待ってその事を申出ると、先生は今持っていないから、家に来てくれという。そこでその住所を問うている間に、先生は財布をさぐり、あったと言って現金をくれた。（中略）それを見ていた薗田君は〈ひどいことをする〉と言った。自分は平気で、「なあに、ドイツ人は皆やる事だ」と言った。

これによると、姉崎はジンメルとガルベの講義がバッティングするため、すでにジンメルの授業に納入済みの授業料を取り戻すために事務方に申し出ると、直接ジンメルと交渉してくれといわれた。姉崎はジンメルに直接交渉したが、ジンメルは手持ちがないといった（しかし直後に現金で返したという）。姉崎は晩年になってしたためた自叙伝にベルリン滞在中のエピソードの一つとしてあえて書きし記すほど、心に残っていたのである。その際、ジンメルとのいきさつを知った薗田も反感のことばを発したという。ベルリンで短期間、姉崎が薗田と共に過ごした時期、薗田に言及するのはこの点だけである。

当時、ドイツ・シュトラースブルクにも医学、哲学などを学ぶ日本人留学生がベルリンほどではないが、かなりいた。そのグループは「シュトラースブルク日本人会」と呼ばれていた。シュトラースブルクに留学中であった渡辺海旭はハンブルクで開催された東洋学会に参加し、その折、薗田をベルリンに訪ねているが、あいにく薗田は不在だった。薗田は次のように書いている。

帰寓すれば不在中へ渡辺海旭再度来訪の由。

薗田出発後のベルリン大学

一年半、ベルリンで学んだ薗田は、再び西本願寺の命で今度はガンダーラ遺跡調査のために編成された大谷光瑞率いる大谷探検隊に加わることになった。時（一九〇二年十一月）を同じくして薗田の受講したフートも中央アジア、トゥルファンを目指して出発している。ただ大谷探検隊は当初トゥルファンでなく、ガンダーラを目指していたため、中央アジアにおけるフートと薗田の接点は明らかでない。

ドイツ探検隊から続々とドイツ本国に送り届けられた出土品はベルリン、それにシュトラースブルク大学にも届いていた。ピッシェルらは出土品の写本類の解読に従事し、写本の中から従来考えられなかった漢訳『雑阿含経』に対応するサンスクリット断片まで発見された。一方、シュトラースブルクのロイマンの許に届いた写本類は留学中の渡辺海旭もその解読に従事した。渡辺はピッシェルからこの（『雑阿含経』）断片に関する論文の寄贈を受け、また自身も関連する論稿を発表した。世紀を代表するサンスクリット本初期経典の発見は薗田がドイツを発った二年後、一九〇四年のことであった。

このように薗田の学んだベルリンには最晩年のヴェーバー、それにピッシェル、ゲルトナー、フート、ガルベという世界屈指のインド学者たちが教鞭をとっていた。しかしヴェーバーは薗田が留学した年に没し、フートも一九〇六年に没した。インド・マドラスに講演のため赴いたピッシェルも一九〇八年に当地で客死してしまった。しかし薗田はベルリンに一年半と短期間であったものの、こうした良き師たちに学び得たのである。

帰国後、仏教（現、龍谷）大学の教授を経て学長となった。

宇井伯寿のテュービンゲン留学

インド哲学の第一人者であった中村元師が「世界の学界における最高峰」「東洋の聖者の理想が現実の人間のうちに具現化されているすがた」（弔辞、追悼文）と絶賛された宇井伯寿博士。博士は凡愚の私には足許にも及ばない、文字どおりの大学匠である。この宇井博士は若き日にドイツに留学されたことがあり、その一齣を辿ってみたい。

宇井伯寿（一八八二—一九六三）は晩年に短い自伝「第三十四世翁伯寿小伝」を書いている。あえて第三十四世と冠したのは曹洞宗僧侶としての自覚が根にあったからであろう。この小伝によると、大正二年（一九一三）九月、三十一歳の時、曹洞宗大学講師の時、曹洞宗海外留学生として欧州留学を命ぜられ、ドイツ・テュービンゲン大学に赴いた。しかし第一次世界大戦の勃発により、やむなくイギリスに避難したとある。

宇井がドイツに出発した時の同じ船には真言宗の神林隆浄、天台宗の池田澄達の二氏も乗船していた。そのいきさつは渡辺海旭が「此際曹洞の宇井伯寿師、真言の神林隆浄師、天台の池田澄達師、梵学研究の為に船を同うして渡欧の途に上らんとす」（「宇井、神林、池田三氏を送る」）とした上で、宇井についてはこうある。

宇井文学士はチュウビンゲン大学に懸籍し、ガルべ先生の指導を受けむとす、先生が印度哲学の造詣深遠なるは学界定評あり、特に数論哲学研究に於ては獨壇の名家、印度に遊ぶこと長くして爛燦たる筆力亦独逸文壇の雄なり、宇井師超邁の識力印度哲学の研究漸やく蔗を噛むの境に入る、今や詩聖ウーランドの徜徉吟哦せる風光絶佳の地に於て曠世の碩学に師事す、其後来の見るべき真に健羨すべき哉。

これによれば、宇井の師となるリヒャルト・ガルベはインド哲学でもサーンクヤ学派研究の面で学界に定評があり、インドにも長く滞在した優れた学者ゆえ、インド哲学に打ち込む宇井にとって、「風光絶佳」のテュービンゲンで研鑽を積む次第となったのは羨望の的とある。

宇井がガルベの許に行くことになったのは指導教授高楠順次郎の紹介であろう。ただ実際には姉崎正治もガルベが一時期ベルリンで教鞭を執っていた際、半年間ほど就いたことがあったから、姉崎の助言もあったと思われる。宇井自身は留学当時を振り返って研究目標を「私は当時印度の論理学の発達に興味を持ち勝論派正理派等を調べて居った」(「プーサン先生を憶ふ」『仏教研究』二—三)と回顧している。

ドイセンと宇井

ところでその頃、キールには高楠順次郎、姉崎正治が師事したドイセンがいた。宇井が帰国後の一九一九年には木村泰賢がイギリスからキールのドイセンを訪問している。姉崎留学当時、ドイセンには眼疾があり、ほとんど字が読めず、姉崎が原典を読み上げ、ドイセンがドイツ語でいうのを書き写したという。宇井はそうした事情も聞くに及んでドイセンの許に行かなかったと思われるが、他の理由もあった。宇井はいう。

明治三十九年九月から一般的の印度哲学史が講ぜられて以来、其各方面に於ける細い研究の進歩したことは著しいことであるが、然し一般の傾向を見ると、最初期からドイセン氏の一般哲学史の初三巻に述べられて居る印度哲学の見方又は扱ひ方幷に解釈が基礎をなして居ると思はるる。実をいへば予自身も最初は氏にのみ傾倒し殆ど他の研究解釈を顧みないかの如くであったが、後西洋に遊むで彼地の学界の状態の全く之に反するを見るに及むで、広く諸学者の研究成果及び原典資料を渉猟し、滞欧四年の初半期間は人知れぬ苦心の下に、足らざるながらもドイセン氏の影響の蝉脱に努力し、遂には氏の解釈取扱の正鵠を得ない点の少くない所以を理解するを得たと信ずるを得るに至った（『印度哲学研究』第四、緒言）

これによると、欧州に行ってみると、学界ではもはやドイセンは顧みられることもなく、氏の影響を極力排除しようと努めたとある。

帰朝して後我邦の印度哲学界を瞥見すると、時やまさにドイセン氏の影響の全盛時期であった。其明に誤った解釈説明すら平然として奉ぜられ、而もそれ等が世界の学界の通説であるかの如く、又は我邦の研究者各自の自説であるかの如くにせられて居るものも皆無ではなかった。かかる間に於て予は学界一般に対しても多少は其然らざる点を明にし、又特殊の人々に対しても個々の誤を指摘する所もあった（同）。

帰国した頃もドイセンを無上の師とする風潮が

あったため、それを正すよう人に勧告までした。

極端にいふ場合には、誠に生意気ながらも、印度哲学に於てはドイセン氏の方法幷に解釈が如何にも優れて居る如く感ぜらるる間は、自己の研究が尚未だ独立の地歩を得ず専門家の域に踏入らない所以であると判断する照準とするがよいとまで苦言することもある（同）。

宇井からみると、ドイセンの『一般哲学史』は大部な研究であるものの概説的であり、一つの論文（Samkhyayoga に就いて）をとっても、ドイセンの学説は甚だ正鵠を得ていないと徹底的に批判している。ドイセンに言及する限りは研究者とはいえないと極論した。

もっともこれはあくまでも宇井の見解であって、当時日本に熱狂的崇拝者が多々いたのも事実である。かつドイセンには他のインド学者の追随し得ない才能があった。それはサンスクリットを話せたことである。近代インドの宗教改革運動家ラーマクリシュナの弟子ヴィヴェーカーナンダがニューヨークを経てドイツを訪問した際、二人はサンスクリットで話したことが伝わっている（パウル・ハッカー『*Kleine Schriften*』五五一―二頁）

テュービンゲン

テュービンゲンは南ドイツ・シュトゥットガルトからローカル線で約一時間ほどのところ。大学が創立されたのは、日本では応仁の乱の終わった一四七七年ときわめて古い。市の人口の約四割が学生と学校関係者という典型的な大学町である。哲学者ヘーゲル、シェリング、詩人ヘルダーリン、それに天文学のケプラーなどが学び、文学者ヘルマン・ヘッセ（一八七七―一九六二）が青春時代を過ごしたのもこの町である。インド学の分野ではガルベが着任する前、『サンスクリット・ドイツ語辞典』編纂者の一人、ルドルフ・ロートがおり、ガルベ以後グラーゼナップ、ティーメと続いている。

テュービンゲンの街について作家の辻邦生は、「急な丘の斜面に並ぶ古風な大学町は、赤茶けた瓦屋根を立体派の絵のように組み合わせながら、頂きの城館まで迫り上っていた。ぼくら（北杜夫）は細い小道を上ったり下ったりして、町のあちこちを歩き、ヘルダーリンがヘーゲルやシェリングと肩を並べて散歩したのはこの辺りかと思いながら、神学校ぞいの石塀のそばに佇んだ。」「ネカール河にかかる吊り橋から見ていると、北杜夫と歩いた中州は美しい緑に飾られて、さながら高貴な十八世紀英国絵画の風景である。静かな河の水面には白鳥が浮び、その影が鏡のような水面に逆さまに映っている。午前十一時の太陽が、燃える暑熱を加えながら、橋の真上にかかろうとしている。自転車に乗った可愛い少女が二人で橋を渡ってゆく。やがて下流からボートに乗った数人の若者が、なめらかなオールの動かし方で、橋の下をくぐり抜けてゆく。こちらに向って手を振る。静かで、充実して、華麗で、単純だ。ぼくはまたしても溜息をつく。溜息なんかつくまい、と大決心をしたにもかかわらず、この典雅な自然の静謐感と透明感には溜息が出るのだ。丘の緑の森に埋った赤屋根が、太陽の光のせいで、淡い靄をかけたように銀色がかって見える。空は深い紺青に晴れている。真夏がこれほど純粋な美しさで輝くことが果して他処で可能だろうか」（『夏の光満ちて　パリの時』）

といい、作家多和田葉子も、「（エバーハルト）橋の上から眺めるネッカー川の眺めは何度見ても風景画のようで現実のものとは思えない。柳が水面ぎりぎりまで垂れ、川岸は川の水の戯れに身をまかせ、まどろんでいる。岸はコンクリートで固められてなどいない。大きな船が通っているのは見たことがないから、多分浅いのだろう。夏には竿舟に乗ることもできる」。「小さな村なので、少し歩けばもう村を取り囲む大きな暗闇が広がっている」『溶ける街　透ける街』

と、ともにテューービンゲンのネッカー河からみた風景は絵画のようと感嘆している。グラーゼナップの代になってからテュービンゲンを訪問した中村元は、「南ドイツの大学町チュービンゲンは人口五六千人しかない。散歩すると、数分歩けば森になってしまう。遊ぼうにも、遊ぶ場所もない。だから逆に、宇井先生のような方には、非常に勉強に良かったわけである」(「インド文明の先覚者を想う」『東方界』)と、数分歩けば森に連なる閑静な街と伝えている。

リヒャルト・フォン・ガルベ

ガルベはテュービンゲン大学で学位を取得(「古代インドの主格複合語の抑揚法」)。二十歳の時、『シュラウタスートラ』(バラモン教の家庭祭式)の研究調査のためロンドンの大英博物館に赴く。二十八歳からインド・ベナレスに一年半ほど滞在し、インド人学者に就き、サーンクヤのテキストと『シュラウタスートラ』を研究。もっとも現実のインドにはきわめて悲観的であった。滞在中、つねにマラリヤの攻撃を受けたからである。

帰国後、『サーンクヤ・スートラ』とその注『カーリカー』を校訂翻訳。一八九四年、ケーニヒスベルク大教授となり、『サーンクヤ哲学』を出版した(この書について木村泰賢が『印度六派哲学』で「賛成し難い所が沢山あるけれども、材料豊富にして出所の正確なることこれに及ぶものがない」

と評している）。

その後、ルドルフ・ロートの後を継いでテュービンゲン大教授となった。

キリスト教とインド思想の相互影響という壮大なテーマにも着目し、『インドとキリスト教』を出版。その前半はキリスト教へのインドの影響、後半はインドへのキリスト教の影響となっている。

ガルベの持論の一つに、サーンクヤ哲学は仏教思想に影響を与えたというのがある。しかしこれは当時、オルデンベルクやイギリスのリス・デヴィズによって批判された。もう一つ、大乗仏教はキリスト教起源であるとの主張もやはり突飛な説とされた。

宇井は留学当初、ガルベにサンスクリットの辞典として何がよいかを訊ねた。この間のいきさつについて中村元が克明に伝えている。

「（宇井）がある立派な辞書（モニエル・ウイリアムス著）を示されたところ、ガルベは「ふん。そんな辞書があるのかい。やめてしまえ。ベートリンク・ロートの七巻本（ドイツ語で書かれた）を使え」と厳命されたそうである。ガルベが英語のその立派な辞書の存在を知らなかったはずはない。全然、頭から、このように無視してかかるというような具合であった」。（中村元「インド文明研究の先覚者を想う」）。

これはイギリスのモニエルが編纂した辞典に対するガルベ独特の見方である。モニエルの『梵英辞典』が完成に至るまでにはドイツのロイマンも一八八二年から二年間、ロンドンに赴いて参画していた。が、ガルベはイギリス人の編集した辞典として頭から無視したのである。ガルベの推薦するのは七巻本『梵独辞典』のほうで、その編纂にはテュービンゲン大の前任者ロートも参画していた。それゆえ前任者に対する敬意もあったのだろう。また中村元が伝えるところによると、宇井はガルベの許でパーリ語も習ったという。それも学生と二人だったとある。中村はその学生の名前までフュルストと詳しく伝えているから宇井の話を綿密に書き留めておいたのである。「ガルベは、〝自分はパーリ語は話せない〟といった」ことについて中村は、「その意味はパーリ語を読み書くことは自由自在だけれど、ちょっと話すのは慣れていない。しかしサンスクリットにいたっては話すのも読むのも書くのも自由自在ということを含意している。ガルベはインドに長くいたから、それだけの自信を持っていたのである」という。宇井はガルベの許で基礎語学の一つとしてパーリ語も学んだのである。

宇井のゲッティンゲン訪問

宇井はテュービンゲンに滞在中、ゲッティンゲン大学を訪問した。この点は金倉圓照による宇井の追悼文から知ることができる。「お話の中にドイツに留学された思い出があった。先生の師事されたガルベ教授が第一次世界大戦で一人むすこを喪ったこと、美しい東洋風の娘がガルベにあったこと、ゲッチンゲンの散歩道で、教授にひょっこり行きあわれた折りの挿話などである。五十年前の楽しい追憶に、先生はしばらく耽（ふけ）られたのである。」（「宇井先生の業績」）

おそらくガルベは宇井とともにゲッティンゲン大学を訪問したのであろう。宇井は「散歩道」を散策中たまたまガルベとで鉢合わせした時の驚きを金倉に話したのであろう。宇井のいう「散歩道」とは街全体を星形に囲った城壁を撤去したあとの散歩コースと思われる。

ヘルマン・オルデンベルクと宇井

当時のゲッティンゲン・インド学の教授はヘルマン・オルデンベルクである。渡辺海旭がヴェーダ研究においてその右に出る者はないといわしめた碩学である。そのほかパーリ語文献を駆使して「原始仏教」という一分野を開拓した一人でもあり、『ブッダ―その生涯・思想・教団―』はブッダの歴史的実在を解明した書である。

オルデンベルクは一九一二年から翌年にかけてインドを訪問していた。ベナレスの地で偶然、日本の河口慧海、長谷部隆諦、増田慈良、渓道元、高楠順次郎らと出会っている。オルデンベルクはこの『ブッダ』を再版のたびに手を加えたが、インド訪問後、その印象もさりげなく挿入している。たとえばオルデンベルクがピッシェルと共に校訂出版した『テーラガーター』の詩に、「（修行者が）一人でおれば、梵天のごとくである。二人でおれば、二人の神のごとくである。三人でおれば、村のごとくである。それ以上でおれば、雑踏のごとくである」（中村元訳『仏弟子の告白』と改訳）というのがある。オルデンベルクはこの詩にふれて、「インドに行って、人の押し合いへし合いするさま、あるいは争ったり罵ったりする托鉢行者の群れが押し合いへし合いするさまを身近に見たり聴いたりした者は、誰でもこの詩のとりわけ最後の句を首肯するであろう」と書いている。

年代からみると、宇井がガルベと共にゲッティンゲンを訪問したのはオルデンベルクのインド帰国直後であるから、インド訪問のこと、ベナレスで会った高楠順次郎によると、オルデンベルクは河口慧海が蒐集したサンスクリット写本の量に圧倒され、これは世界一のコレクションだ（「明治仏教に影響を与えた西洋の仏教学者」）と瞠目したことなどを話し合ったと推測される。

ド・ラ・ヴァレ・プサンと宇井

第一次大戦が勃発するや、宇井はドイツから戦火を逃れてイギリスに渡った。イギリスでは当時インド局の図書館員であったF・W・トーマス（一八六七―一九五六）に就いた。トーマスはサンスクリットおよびチベット語学者で、ロンドン大学講師でもあった。オックスフォードのマクドネル（一八五四―一九三〇）没後、教授となった。アショーカ王碑文、スタイン将来のチベット文献を研究。

宇井はそこで漢訳『勝宗十句義論』を英訳した。この書は漢訳だけが伝わる勝論（ヴァーシェーシカ）学派の哲学書であり、この英訳について中村元はいう、

「特にその時期の不朽の功績は「勝宗十句義論」の研究である（H･Ui, The Vaisesika Phirosophy）。これはインド古代に自然哲学を説いたヴァイシェーシカ哲学の一つの古典が、そのサンスクリット原典は散佚してしまったのに、その漢訳が漢訳大蔵経の中におさめられて、シナ・日本に伝わっているので、それを研究出版翻訳されたものである。ロンドンの王立アジア協会から出版され、世界的に高く評価されている研究である。この書は、国際的に学者としての先生の名声を決定的ならしめたものである。外国で出版されたどのインド哲学史をとり上げてみても、先生のこの書に言及していないものは一つもない。まさに日本の学会の声價を高めたものであり、これ一つだけでもわれわれ日本人の学徒は外国の学者に対して肩身の広い思いがするのである。」（『インド哲学から仏教へ』あとがき）

宇井はそれをトーマスの指導の許で進めたのである。

宇井はたまたまベルギーから、ドイツの攻撃を避けて来英していたド、ラ、ヴァレ、プサン（一八六九―一九三七）がケンブリッジに滞在中であることをトーマスから聞き、当地に向かった。プサンは当時ベルギー、ガン大学の教授で、サンスクリット、ギリシャ語、ラテン語を教えていた。かれはイギリス滞在中、トーマスの協力のもとパーリ語の『マハーニッデーサ』の校訂本の出版、ケンブリッジ図書館にあったジャイナ教文献の目録作成、インド局図書館ではスタインが中央アジアから蒐集したチベット仏典の目録を作成した。その間に宇井と研究を進めたのである。インド論理学の書（『ニヤーヤビンドゥ』）、それにたまたま宇井が入手した漢訳『唯識二十論述記』（『論』の部分）をサンスクリット本、それにチベット訳と対照して読んだという。

プサンはベルギー帰国後、倶舎、唯識、中観と仏教哲学の大動脈といえる分野に多大な貢献をした。倶舎については宇井が留学する一年前からロシアのシチェルバツキーの発案により、荻原雲来、ローゼンベルク、イギリスのデニスン・ロスを加えた五人で共同研究を始めていた。そのためプサンは帰国後の宇井に冠導本倶舎論の入手を頼んだ。のちに冠導本を参照しつつ、プサンは独力でフランス語訳を完成させたのである。プサンの追悼文で宇井はいう。

「恐らく五十歳前後から漢文を読み始めて——多少助けを得た便宜が他にもあったかとも想像されますが、私にはよくは判りませぬ——全く独力で進んで一語一語を翻訳の上に出し得る程に読みうるに至られたことは、誠に賞嘆に堪へられませぬ」(「プーサン先生を憶ふ」)

プサンには一週間に二回読んでもらったという。プサンの人物像について、

「教授はどの写真を見ても、大変いかめしいやうな風貌に見えますが、然し実際に御会ひして見ると、あんないかめしい人ではありませぬ。何れかといへば小柄なひとでどこか東洋風もあって、非常に親しみ易い人であり、凡て感情を率直に表はし、而もあの大家でありながら、何等城廓を設けらるる如きことなく、戯言も数々いはれて、何等気むづかしい所のない人であった」

「教授は自ら避難中の身でありながら、私を御茶にも数回招いて下されたこともあり、夫人にも一度御目にかかったことがありますが、私が一寸病気して療養所に入った時などは態々見舞に来て下さいました」

といい、「最初私が教授と互に読み合ひをなして居た時、教授は必ず時間通りに来られた。時には、予め読む時間がなくて今日は道々読んで来た、などと云はれることもあった。或る日の如きは、今日

はオール・ソウルス・デーである、自分は子供の時から、此日は、一度も本を読んだことのない日であるが、君との約束のため、生れて始めて、此日に本を読んだ、と云はれたこともあった」と伝えている。

プサンには宇井と同じく東大教授となった宮本正尊（一八九三―一九八三）も師事したことがあった。宮本が伝えるには、

御書きになる字でも分るやうに、先生は非常に敏とい神経の御持主であり、時には銀線にふれるやうな美しさと云ひたい閃めきさへあった。また中々の喫煙家であられたし、朝書斎へ通ると、御勉強が過ぎて神経が昂ぶり昨夜はうまく眠れなかったと、いたいたしくせられ、朝飯もまだであるとて、ひそやかに隣の物陰げですまされたことも時々あった。尤も勉強でへとへとになることは我々にもあることであるが、兎に角先生は非常なる勉強家であられた」（「プサン先生を偲ぶ」）

とある。ちなみにベルギーでプサンを最もよく知り、学問上の後継者となったラモットによれば、教授を訪れた人は、弱々しく、そして華奢なその横顔の前で、教授の視線の鋭さと黒髪とにうたれたままでいた。わたしは、時を隔てた後も教授の個性をつかむことが難かしかった。わたしの心に映っているかれの個性を、かりに次の如く表示すればどうであろうか。貴族としての一つの品位は、万事について一定の間隔を保ちつつ最も謙虚な姿に身をかがめがちであった。生き方の一つの強さがその風貌から光の如く放射していたので、平凡な世界から崇高な処へ人を推し上げるように見えた。独断的な態度が全然不在であるということが、判断の的確さと意見の確固たる

ことと、よく際立って対照していた。きまじめであると人から思われたくなかったように、腕白で衝動的な一面があった」（E・ラモート「ルイ・ド・ラ・ヴァレー、プーサン教授についての略述」『仏教学セミナー』三）

と、その人物像を述べている。

こうして宇井は一年間テュービンゲンでガルベ、その後ロンドンで一年、オックスフォードで半年の間、トーマス、そしてケンブリッジでの一年半はプサンに師事し、四年にわたる豊饒な留学生活を送った。

ハイデルベルクのヴァレザーと友松圓諦

渡辺海旭が留学中のシュトラースブルクとマックス・ヴァレザー（一八七四―一九五四）のいたケールとの距離は、ライン河をはさんで、渡辺によると徒歩で三十分ほどであった。縮刷蔵経と観音を置いたヴァレザーの部屋で二人はナーガールジュナの『中論』を論じ合い、個人的にも昵懇の間柄であった。このヴァレザーは渡辺滞独中、ケールの中学教頭からハイデルベルク大学教授に栄転した。渡辺によると、ヴァレザーは大乗仏教の分野に関しては第一人者で、漢訳仏典まで読む稀な存在だったとある。

渡辺帰国後、友松圓諦（一八九五―一九七三）に留学の話がもちあがると、渡辺はさっそくヴァレザーを紹介した。友松は、宗教大学（現、大正大）在学中に志願兵となり、その頃「どういう風の吹きまわしか、ひどくドイツ語をやりたくなって、グリムのメールヘン（童話）などを」（『友松圓諦日記抄』四四一頁）勉強し始めた。その後、大学に復帰し、二年間、巣鴨から歩いて神田神保町にあるドイツ語学院に通った。加えて当時の宗教大にはともにドイツ人でセイロン僧となったニヤーナティローカとワッポーの二人が教えており、かれらからもドイツ語を習うことができたという。それゆえ友松はよほどドイツ語に慣れ親しんでいたと思われる。またパーリ語についても、二十九歳の時にブッダの教えを平易に説いた、パーリ語の『法句経』を日本語訳したとある（友松諦道・山本幸世編『友松円諦小伝』五四頁）ことから、よほど堪能であったと思われる。

一九二七年（昭和二年）、三十二歳の時、ヴァレザーのいるドイツ・ハイデルベルクに出発した。

ハイデルベルク

近代、わが国からドイツに留学先する場合、プロイセンの首都であったベルリン、ハノーヴァー王家支配下のゲッティンゲン、バイエルン王国のミュンヘンと並びにハイデルベルクが多かった。

ハイデルベルクはネッカー河畔に位置し、古城があり、川沿いに「哲学者の道」と名づけられた散策コースのある美しい街。ウイルヘルム・マイヤー・フェルスターが一九〇一年に王子ハインリッヒと喫茶店の娘ケーテとの恋を描いた『アルト・ハイデルベルク』で、

遠き国よりはるばると
ネカーの河のなつかしき
岸に来ませるわが君に
今ぞささげんこの春の
いと美わしき花かざり
いざや入りませわが家に
さわれ去ります日もあらば
しのびたまわれ若き日の
ハイデルベルクの学びやの
幸おおき日の思い出を　（番匠谷英一訳）

と歌われ、旧制高校生にはよく知られた大学町だったと伝えられている。ハイデルベルク大学はドイツ最古の設立でもある。友松が着いた頃、この大学には日本人留学生が二十人もいて、その中には友

松と同じ浄土宗所属でフライブルクからヤスパースなどの哲学を学びに移ってきた北山淳友もいた。日記によると、友松は日本人仲間としばしば食事を一緒にしたりしている。

マックス・ヴァレザー

ヴァレザーは一八九一年から一八九六年にかけてハイデルベルク、フライブルク、スイスのゲンフで学んだ。フライブルクの地でロイマンに学んだ藤田真道によると、

時に天下の英才雲集して先生の門を叩いた。ジャイナ学を嗣ぐものにはハムブルグ大学のSchubring 教授あり、仏教学では夙に我国に有名なるハイデルベルグ大学のMax Walleser 教授も先生の弟子であった（略）。「恩師ロイマン教授」

とあるように、ヴァレザーはロイマン門下でもあった。荻原雲来、渡辺海旭の二人もロイマンに師事したが、ヴァレザーはこの二人の留学以前に学業を終えている。とはいえ兄弟弟子にあたる。

ヴァレザーとの対面

友松は師ヴァレザーとの初対面の日について次のように報告する。

昭和二年十二月七日　朝食後、若山君きたる。KOにいたことがあっていい男だ。伴われて相馬と三人にてワレザー先生にゆく。午後三時十五分の茶に招かる。夫人の配慮にて、となりに宿がきまる。六十五マルクなり。到着電報を打つ。（略）三時半に一人にて先生のところへゆく。先生の一子、フリッツ手伝いくれて荷物をとく。

宿の住所は次のとおり。

10.Goethe Strasse,Heidelberg,Deutshland

この時、ヴァレザーは五十三歳で妻子がいた。渡辺海旭がいたころのヴァレザーは渡辺同様に「酒好き」で「無妻主義」を称えた点で意気投合し、

「花の屋」といふホテルに呑気に城を構へ込むで、「君此所等の教員連とくると、研究なんてことの解る奴は一匹も居ない。豚肉が上ったとか、馬鈴薯がよく出来たとか、家鴨の卵がどうだとか、丸で土百姓同然だ。情ない奴等さ」まあ、彼の気焔はこんなものだ（『壺月全集、下四六二頁』）。

と、当時、ハイデルベルク大学の教員達について皮肉たっぷりに語っていたとする。

が、その後ヴァレザーは結婚し、フリッツという名の男の子と娘がいた。

友松は初対面の翌日、「朝おきたら十時だ。三つの残っている鞄をあける。本が沢山出た。やっぱり本が慰めだ。力だよ。午後ワレザー先生のところへゆく。お茶をいただいてから、先生とフリッツと娘さんと四人にて「古城」へゆく。とてもいい感じだ」。

ヴァレザー宅の隣の建物で、荷物も先生気付けとしていた。

ヴァレザーの印象は、「つり上がった眉毛」（『小伝』七〇頁）の人で、

あの太った、大きな体躯を不器用に運んで入ってこられた。ふるくさいモウニングをきこんで、この世紀にはつかはないやうなカラをはめてまごまごと入ってこられた。そのとき位、先生の特徴をはっきりうけたことはその後一度もない。（『小伝』六八頁）

という。

超然として自分一人清いやうな顔もしていられない。たしかに濁った顔と濁った声の持主である。先生には禅味が多分にある。といってきどったところがあるのではない。わるく言へば世渡りの下手な、融通のきかぬ極く一本調子の性格の持主である。さう申してはお叱りをうけるかもしれぬが、私は恩師常盤大定先生に似たところがあるやうに思はれてならぬ（『小伝』六八頁）。

と、「禅味」があるものの「一本調子」、さらに、

随分、頑固なところがある。几帳面で、独逸流の合理主義でやっつけるので、周囲の者もみな困らせられることもあるらしい。先生の趣味は生活全般の上にひろがっていない。室をみても書斎をみても、歩き方、話し方をみても、どこにも「風雅」なところはない。独逸の仙人はどうもかたくなのところが多くて、やさしさ、風韻といふものがないやうに思はれる（『小伝』六九頁）。先生は時々私の室をたたかれる。あの濁った声を戸口にきくと、さては先生だなと思ふ。用事だけはなすとすぐかえられる。用事以外には話のない先生である。私のうちばかりでなく、門下の家でもどしどし用事があればゆかれる。「用事はないが一寸立ち寄った」などとふうやうな風雅な心持は先生にはない。至ってあわて者である。親切なあわて者である。かうした妙な、あはただしい性格は、欧州大戦に出征されて頭部をけがされてからであるらしい（『小伝』六九頁）。

と、「風雅」がなく「親切なあわて者」と評している。趣味は絵画、ヴァイオリン演奏であったが、生活態度は仙人のようという。

十何年も大学に教鞭をとっていられるにかかはらず、一向その位置もあがらず、ふるい友達にき

いてみると大学からうけとられる俸給なんかは殆んどないも同様だそうである。ただ、多少の遺産と、中学校の仏蘭西語やラテン語の教師をされていたための恩給とでやっていられるらしい。勿論、私のとなりの先生の建物、四階建ての家は先生の所有である。（略）何れにもせよ、先生の現在の仏教学の研究、並びにその講義著作では損をこそすれ、何らの収得にならぬらしいほど先生は世渡りが下手である。勿論、かうしたところで仏教学なんかでやまをあてやうなんて考へるものは一人もないにきまっているが、然し世渡りの巧拙はその人に大部分あるらしい。かうした先生の仙人のやうな生活態度から考へて、先生が極めて趣味に豊かな人であることは面白い対照である。従って先生の家庭にはいくらかふうくらした気持ちが流れている『小伝』六八―九頁）。

友松はヴァレザーが経済的な面で何にも拘泥しないそぶりをみて「世渡りの下手」と思ったのであろう。

友松の学業

友松は日記を残しているので、そこから日々の動静がわかる。

渡辺海旭はヴァレザーを大乗仏教研究の第一人者としたが、初期仏教につづく部派仏教に関する著作もあるから、研究分野は仏教全般にわたる。そうしたなかで友松が直接学んだものは、具体的にはパーリ語の『中部』経典「マハーパリニッバンナ・スッタンタ」、そのほか『リグ・ヴェーダ』『倶舎論』であった。

友松はヴァレザーの授業以外に、ドイツ人と思われるツィンクグレーフ（Willi zinkgraf）と二人で一定期間、毎日のようにテキストを呼んでいる。それらは『デイヴヤ・アヴァダーナ』『アヴァダーナシャタカ』（「天業譬喩経」）などであった。ちなみにツィンクグレーフは友松が日本に去った一九四〇年、日本語でいえは『ディヴィヤ・アヴァダーナからアヴァダーナシャタカまで（アヴァダーナの歴史への貢献）』を出版。これはインド仏教のさまざまな説話を採録した書である。

本書の序文によると、『ディヴィヤ・アヴァダーナ』所引の説話についてはは対応する漢訳『根本説一切有部毘奈耶』があり、そのほか『アヴァダーナシャタカ』を漢訳『百縁経』と対照して友松と一緒に読んだと思われる。

ロイマンの講義に出席

渡辺海旭や荻原雲来の師であったロイマンは第一次世界大戦の戦禍を逃れて、一九一九年、長年過ごしたシュトラースブルクからフライブルクに移り、フライブルク大学で教鞭をとっていた。ロイマンに師事した日本人は少なくないが荻原、渡辺以外はみなフライブルク大学で学んだ人たちである。友松は一九二七年（昭和二年）、フライブルクへ旅行し、ロイマンの授業を聴講している。

三月三十日（土）

午前十二時～一時　ロイマンの講義。昼食は藤田、徳永、川瀬先生と四人。夕方迄散歩す。夜は活動写真、それから歴史的方法と材料について議論する。三時半眠る。

ロイマンは、この時、六十八歳。友松は藤田真道、徳永茅生、川瀬光順ら日本人留学生と昼食を共

にし活動写真もみている。行動を共にした徳永茅生は帰国後、自伝（『袖ふりあうも』）を著していて、友松について、

> 汽車で二、三時間北へ支線で少々はいったネッカー河畔にあるハイデルベルク、ここも大学都市で日本人留学生の伝統的に多いところである。（略）そのハイデルから訪ねて来られた三人の日本人留学生を、ある日A氏が私の宿へ案内された。一人は仏教学者T氏、後に法句経の放送で有名になった人、（『袖ふれあうも』一一七頁）

と、T氏と触れている。徳永のほうはその三年後（一九三〇年）にフライブルクからハイデルベルクへ旅行する（同書、一四六頁）。もっとも友松はその一年前にハイデルベルクからパリに移っていた。友松がヴァレザーの許を去ってパリのシルヴァン・レヴィの許に向かった理由は伝記にも書かれていない。慶応大の教え子の回想文によれば、ドイツ・フランスの「東南アジアに対する植民政策の盛衰が仏教研究の熱意のそれと並行することを見極めた結果」（『日記抄』五三頁）ではないかとある。ただ留学三年目（昭和三年六月五日火）の日記に、

> 八時〜十時（百喩経）一巻の四了。五時〜六時ヤスパース、六時〜八時ワレザー「倶舎論」、十一時〜十二時梵語。今日ワレザー氏の時間に文句をいった。少しはらが立ったからだ。先生はあまりによわすぎる。全体をみない。よわいものは全体をしらぬ。来週から月曜にしてもらう。今日は本当によく勉強をしたね。今日位にやりたいね。

とあるのは誰しも気になる記述である。当初から「融通のきかぬ極く一本調子」「妙な、あはただしい性格」と冷ややかにみていたから、性格的に合わなかったとも考えられる。専門分野も広くいえば

仏教とはいえ、ヴァレザーは仏教の基本思想や教団史、それに空の思想を中心とした中観派研究であったため、友松が興味を抱いた僧院生活、仏教の説話でなかったことも考えられる（ヴァレザーは第一次大戦の際、頭をけがし、晩年に至って精神に異常をきたしていた）。ドイツばかりでなく、フランスのシルヴァン・レヴィの許にもかなりの日本からの留学生が来ていたので、こうした事情で友松は留学先を変えたのではないかと推測される。

パリへ

パリ・ソルボンヌで友松はシルヴァン・レヴィに師事した。そこで出席した授業は「一般東洋文化」、「亀茲語「法句経」や唯識梵本」（「レヴィ先生のこと」）であった。友松はフランス語で漢訳『大荘厳論経』と対応するサンスクリット本とを比較して一三〇頁にものぼる大部な論文をハイレベルな学術誌『アジア学誌』（*Journal Asiatique*. 1931）に発表している。中村元は追悼文で「邦人の学者でパリに留学した人々は少なくないが、『アジア学誌』に掲載され得るようなレベルに達する学績をまとめた人は稀なのである」（「研究業績の若干について」『小伝』一九一―二〇頁）と讃えている。

友松はこうしてヴァレザーから徐々に離れ、ツィンクグレーフと個人的に集中してインド説話文献を読み、フランスに移ってからもインド仏教の説話、史伝物語を中心に研究したことがわかる。

友松は帰国後、NHKのラジオで若き日にパーリ語から読み、シルヴァン・レヴィの許でも読んだ『法句経』の講義をした。その際、仏教本来の新鮮さ、それ以上に明解な話しぶりもあって全国に大旋風を巻き起こした。母校慶応大学予科教授となり、ドイツ語を担当、大正大では講師を務めた。もっとも友松はすでに留学前、慶応の大講堂で仏教青年会主催の仏教講話をし、いつも二千人に達する大盛況で、慶応大でも前例がないといわれていた。ラジオでの放送もそうした魅力があったと思われる。

近代におけるサンスクリット文法書の出版

—シュテンツラー・ピッシェル・荻原雲来—

『実習梵語学』

サンスクリット文献を読む上で、文法書の存在はむろん必須である。明治四十一年（一九〇八）、わが国で初めてサンスクリットの文法書、『梵語入門』が出版された。著者荻原雲来はこの年、四十歳。宗教大で教鞭を執り、芝中学校の校長も兼ねていた。この書は序文にあるように、ドイツのフリードリッヒ・シュテンツラー（一八〇八―一八八七）の著した文法書、*Elementarbuch der Sanskritsprache* をそのまま母胎としたもの。荻原は序文に次のようにいっている。

梵語の本邦に伝はること久し矣、されど僅に仏教家特に真言宗一部学者の伝ふる所にして其学習の材料も亦甚はだ不完全なりき。浄厳・慈雲の如き篤学宏才ありしと雖も奈何せん当時原本は僅に五六種に止まり、加之完全なる文法書なく字書なく到底其堂奥に上るを得ざりき。

奈良、京都の寺には古来、サンスクリット（梵語）で書かれた貝葉、紙本の断片が若干存在し、それらは主として真言宗の学匠に珍重されてきた。江戸時代には湯島霊雲寺の浄厳（一六三九―一七〇二）、慈雲尊者飲光（一七一八―一八〇四）がそうした断片類を整理蒐集したことがある。近代になって南条文雄、高楠順次郎などがヨーロッパに留学し、サンスクリット、パーリ語、チベット語を習得し、仏典の原典研究が開始され始めた。が、いまだサンスクリットの文法書、辞典類は編纂されることがなかった、と。

是に反して近来は文運の勃興に連れ言語学の進歩に伴ない梵語は単に印度古本の用語たるのみに

非ずして希臘羅甸乃至英仏独露などの言語の本幹なること発見せられ印度欧州語として欧米には盛に研究せられ、現今にては梵語の本源地なる印度より却て欧米に於て完全なる梵語の文法書字典の製作を見る。本文の出版批評的著作実に牛に汗するも及ばざるの盛況を呈す。

荻原雲来の頃、欧米ではサンスクリットはもはや東洋の全く異質な言語などでなく、ギリシャ語、ラテン語、ドイツ語などと共通する源泉から発生したもので、言語学の一分野つまりインド・ヨーロッパ語族として体系づけられている。そしてサンスクリットの文法書それに辞典まで出版されるに至っている。サンスクリット語文献も旧に倍する勢いで校訂出版されつつある。

これ啻に言語学として梵語研究の必要あるのみならず、印度の宗教思想は最も豊富に変化、最も多く宗教を語るものは必ず第一に指を印度に屈す。又哲学に於ても文学に於ても興味津々汲んで尽きざるものあり。斯かる文学芸術を研究するため延たは東洋古代百般の学芸を研究解釈するに須要なるものあるがゆえなり。

言語学の一分野としてばかりでなく宗教研究の上でもサンスクリットはインド研究の上で何より重視すべき言語である。インドの哲学、文学、芸術などの研究は東洋全体の学芸を知る上でも必須である。

我邦は夙に東洋文華の粋を蒐め今や西洋の文明を加味しつつあり此間に処する吾人学徒たるもの我文華の淵源を研究せず、東亜同胞の制度文物を知らず、而して独り泰西学者の研鑽に委して顧みず、豈に夫れ可ならんや。

わが国にはすでに東洋文化の粋が蓄積され、西洋文化も導入される時代となった。こうした時代に同じ東洋の同胞であるインドの文化研究を欧州の学者だけに任せたままでよいか。

仏教を学ぶもの漢訳書にのみ依頼すべきの時に非ず、尚又南方仏教を知らんとする人の為には幸にパーリ三蔵出版の将に完結せんとする此の時に際し梵語を学習するは最も緊要なりとす。パーリ語は梵語より転ぜり故に梵語を学べばパーリ語は労せずして読み得に至る。仏教家たるもの奮起一番原本研究に心なきか。

仏典の研究はもはや漢訳だけで済まされる時代ではない。南方仏教を知る上でのパーリ語で書かれた経、律、論の出版が欧州では完結に近い。パーリ語はサンスクリットの俗語ゆえ、サンスクリットを学習すれば容易に理解できるはずである。そのためにもサンスクリット学習は「緊要」とする。

今般の『梵語入門』はシュテンツラーにより一八六八年に出版され、その後（一八九二年）リヒャルト・ピッシェル（一八四九―一九〇八）が改訂を加えた第六版を翻訳したもので、若干の入れ替え、それに例文を補充してある。

荻原は『梵語入門』として出版してから七年後に改訂を加え、書名も『実習梵語学』と変えて出版した。新装版の序文に、先に出版してから七年の間に河口慧海（一八六六―一九四五）がチベット、ネパールから梵語写本類を四百余部持参するという快挙があったため、わが国にあるサンスクリット写本の量はもはや欧米を凌駕するほどになった。

世の印度研究を以て天職とする者、仏教鑚仰を以て本務とする人は、既に是の如き嘉肴珍の前に羅列せるあり、奚ぞ其の一端をも賞味せざらんや。

インド仏教の研究者、それに仏教徒であってもサンスクリットの一端を「賞味」したらいかがかという。

シュテンツラー

荻原が母胎としたシュテンツラーの文法書は荻原以後、ロイマンの許に留学した徳永茅生も「くり返し徹底的に学習せよ」と命ぜられたという。現在のドイツでもサンスクリットを学ぶ者にとって教科書となっていることは吹田隆道氏による報告で、一九八〇年時点で第一七版まで重ねているとある。

ドイツ・インド学草創期の一人であったシュテンツラーは、一八〇七年、ヴォルガストに生まれ、一八二六年、神学、アラビヤ学、ペルシャ学を学ぶためにグライスヴォルトに行った。その後、ベルリン大学のサンスクリット学者フランツ・ボップ（一七九一―一八六七）の許でサンスクリットと比較文法とを学び、ヒンドゥー教の民間説話「プラーナ」の研究で博士号を取得。ロン

ドンに移ってからは東インド会社所蔵のサンスクリット写本類を研究。その後パリでは『マハーバーラタ』の一節「サーヴィトリー物語」を翻訳し出版。さらに『ラグヴァンシャ（ラグの系譜）』、カーリダーサの詩、サンスクリット・テキスト』（ラテン語）も出版。一八三三年にはドイツ（当時）のブレスラウ大学東洋語の助教授に採用された。もっとも大学の給与だけでは十分でなく大学図書館でも働いたという。一八四七年、ブレスラウの正教授になった。

一八四七年にはシュードラカの劇作『ムリッチャカティィカ（土の小車）』を出版（日本では岩本裕訳がある『世界文学体系・インド編』筑摩書房）。このテキスト研究から弟子であったピッシェルはプラークリット文法を体系化する際、多大な影響を受けている。この劇では登場人物毎にインドの四つの地域で使用される方言、具体的にはシャウラセーニー、マハーラーシュトリー、マーガディーを話しているからである。

そのほか、カーリダーサ作『メーガドゥータ（雲の使者）』を学生用教材として出版（木村秀雄訳がある）。

このようにシュテンツラーの研究は多岐にわたるが、もう一つの大きな研究テーマとしたのは法典（『ダルマシャーストラ』）に関するもので、最初の仕事は『古代インドにおける刑事上の実例』（ラテン語）であった。その後、『ヤージュニャヴァルキィヤ法典』の校訂本とドイツ語訳を刊行。ちなみにこの『ヤージュニャヴァルクヤ法典』と『マヌ法典』はインドの法律制定の基盤でもある。このインド法の成立年代は紀元前七世紀以後とされていたのに対し、シュテンツラーは後二世紀以後とした（シュタッヘ・ローゼン『ドイツのインド学者たち』）。さらに『グリフヤスートラ類―インドの家族・生活法、サンスクリット・テキストとドイツ語訳―』を出版。

サンスクリットの文法研究の上でのシュテンツラーの重要な貢献は『サンスクリット文法の基本書』の出版(つまり荻原本の底本)である。彼の生前中に第四版まで増刷され、本の印税はインド学を専攻し、苦学する学生への奨学金にあてられた。

ところでこの文法書もむろん一朝一夕に成ったわけではなく、その完成に至るまでにはベルリン大学での師フランツ・ボップの指導があった。ボップは一八二七年に『詳細サンスクリット概説』、一八五二年に、ギリシャ、ラテン、古スラブ語、ドイツ語などを比較した文法書『サンスクリット・アヴェスタ・ギリシャ・ラテン・リトアニア・古スラブ・ゴート語・ドイツ語の比較文法』を出版していた。こうした研究の上にシュテンツラーの出版があった。

シュテンツラーは一八七七年、ブレスラウで八十年の生涯を終えた。

シュテンツラーの弟子にはその後のドイツ・インド学を大きく牽引し、ベルリン大学教授となったアルブレヒト・ヴェーバー、パーリ語を専門とするイギリスのリス・デビィズ、サンスクリット文法学研究のフランツ・キールホルン(一八四〇―一九〇八、のちゲッティンゲン大学教授)、プラークリット文法学を大成したピッシェルがいる。

改訂者ピッシェル

シュテンツラーのサンスクリット文法書を第六版以後、補訂したのはかれの弟子ピッシェルである。彼の研究分野はインド最古のヴェーダ、ドラマ、仏教などと広汎な分野に渉っている。またプラークリット文法学つまりインドの代表的方言を体系化した大権威者であった。

ピッシェルは一八四九年、ブレスラウに生まれ、一八七〇年、ブレスラウ大学でシュテンツラーの指導のもとで哲学博士号を取得。学位論文は「カーリダーサのシャクンタラーの諸校本について」（ラテン語）。この『シャクンタラー姫』は一七八九年、イギリスの植民地インドに官吏として赴任したウイリアム・ジョーンズが外国人として初めてサンスクリットを読み、その興奮をヨーロッパに報告し、大反響を巻き起こした作品である。ピッシェルはデーヴァナーガリ版とベンガル版とを比較研究し、原型の復元は不可能であるものの、ベンガル版のほうが原型に近いと考え、ベンガル版の校訂本を出版。

一八八三年、ドイツ・キールにいた時の同僚オルデンベルクとパーリ文『テーラガーター（長老偈）』『テーリーガーター（長老尼偈）』を校訂出版。一八八五年、ハレ大学に移り、一九〇〇年には副総長に就任。あやつり人形に関心を示し、あやつり人形の故郷について講義。また影絵芝居に関する故地はインドとも論じた。

期を画する文法書、『プラークリット文法』の完成に際し、友人ゲルトナー（一八五二―一九二九）は、「待望のプラークリット文法書がいま私の眼の前に置かれている。これはかれが半生をか

けて研究した結晶である。このシリーズで発刊された作品中、質量ともに他を圧倒するもので、他のあらゆる貢献を凌駕し、インド学に関する文法書として卓越した功績である」と激賞した。この金字塔というべき出版によりパリのアカデミーからボルネイ（Volney）賞を受賞。

一九〇一年、ベルリン・インド学の教授アルブレヒト・ヴェーバー没後、その後任となった。

翌一九〇二年にグリュンヴェーデル、ルコックを中心とする第一次ドイツ中央アジア探検隊が大量の写本類を持参して帰国すると、ピッシェルはさっそくトゥルファン委員会を組織し、それらの解読に従事した。自身の存命中、この探検隊は第三次まで派遣され、サンスクリット写本の中から従来存在しなかった初期仏典のサンスクリット断片（漢訳『雑阿含経』に対応）、同じく初期仏典の『ウダーナヴァルガ』断片などが次々と特定されたのもピッシェルの功績である。ピッシェルはこうして仏教にも関心を寄せるようになり、一九〇四年には『ブッダの生涯と教義』を出版。

一九〇八年、ピッシェルはプラークリット語の講義のためにインド・カルカッタ大学に招聘された。ところが目的地のカルカッタに到着する前に風土病に罹り、マドラスで没してしまった。ピッシェルが初めてインドの大地に足を踏み入れた直後のことであった（E.ヴァルトシュミット，Richard Pischel zum Gedachtnis.Nachruf zum 60.Todestag）。

その頃、シュトラースブルクに留学していた荻原雲来はピッシェルの死に先立つ三年前、日本に帰国していた。一方、渡辺海旭のほうは当地に留学中で、「リヒャルト・ピッシェル教授を弔す」と題して故国に報告した。ピッシェル死の一週間前、渡辺は師ロイマン宅で友人二人と「茶」を飲み、チェス（棋）をしていたさ中、同門のシュラーダーが絵葉書を持参。そこにはピッシェル、インドへと認められていたので「一同、手を止め、ピッシェルの前途を祝福し歓談した」。ところがその一週間後、ベルリンのハレンゼーからピッシェル死すの報が届いた。渡辺はピッシェルの『プラークリット文法』は「学者の亀鏡」、『ブッダの生涯と教義』は「学人の指針」と讃え、ピッシェルはプロシヤ出身ゆえプロシア人の性格「率直剛遇」をそのまま体現した人と記し、この報告を次のように結んでいる、「希くは記憶せよ。この老碩学は六十の頽齢病弱の体躯を持ちて、炎熱熾くが如き婆羅他（バーラタ）の故地に投じ、遠く其最愛の夫人を離れ、賢良なはる児息、俊秀の門下の看侍すら受くるを得ず。マドラスの病舎に卒然として独遊客死したることを」。

カルカッタ大学では碩学ピッシェルの顕彰のため彼の蔵書をドイツから取り寄せ、「ピッシェル・コレクション」として特別室を設け閲覧に供している。

荻原雲来が『梵語入門』を出版したのは一九〇八年の八月であり、奇しくもピッシェルの死は同じ年の十二月であった。

その改訂版『実習梵語学』は辻直知郎がフランスのルヌーやドイツのキールホルンらの文法書を参考にして一九七四年に『サンスクリット文法』（岩波全書）を出版するまでの長きにわたって活用されてきた。もっとも最近、吹田隆道氏によって例文を大幅に補綴した上で、復刊されている。

ニャーナティローカのパーリ仏典研究と滞日

経歴

ドイツ名アントン・ギュート（一八七八—一九五七）は仏教僧になるためにビルマ（シャム）で出家得度し、ニャーナティローカと名乗った。ニャーナとはパーリ語で「智慧」、ティは「三」、ローカは「世界」を意味し、親交のあった渡辺海旭は「智三界」の語を当てた。滞日中の足かけ五年の間、諸大学や専門学校でパーリ語、ドイツ語、ラテン語などの教鞭を執った。とりわけわが国におけるパーリ仏典研究の進展に大きく寄与した点をとり上げてみたい。

ニャーナティローカの足跡をみる上で、近年、彼に関する書物がドイツから出版された。その一つは、ヘルムート・ヘッカーによる『最初のドイツ人比丘—畏敬すべきニャーナティローカの波瀾に富む生涯と弟子たち—』（出版社はスイス、一九九五年）と題する本で、ニャーナティローカ自身による四十八歳までの自叙伝（Die Autobiographie）、それに死亡時の記事、弟子たちのプロフィールを収めたもの。その二は、同じ著者による『ドイツ人仏教徒の経歴—生涯・書誌学的便覧—』（二冊本）であり、無名に近かったドイツ人仏教徒もしくは研究に従事したドイツ人たちを採録したものである。そこにはニャーナティローカと共に来日した二人のドイツ人のルードビッヒ・シュトルツ（僧名ワッポー）とエルゼ・ブーフホルツ（僧名

ウッパラヴァンナー）がとり上げられている。

まずニャーナティローカの略歴をあげてみよう。

ニャーナティローカはドイツ・ヴィースバーデンの生まれ。父はギムナジウム（高校）の校長で、弟はドイツ有数の弁護士であった。ニャーナティローカは菜食主義をとり、菜食レストランで働いていた時、神智主義者エドウィン・ベーメに出会い、仏教に強い関心を示した。そこで仏教僧を志しインドに渡るが、すでに仏教寺院すら存在しない実情を知りセイロンのコロンボに渡り、短期間滞在した。その後ビルマに入り、一九〇四年、ビルマで下級聖職位を授与された。ドイツ人初の仏僧の誕生である。

翌年、セイロン南部のラナガマ・ラグーンの地に腰をおろし、「島の僧院（Island Hermitage）を設立。その地を生涯にわたって本拠地とした。一九一〇年、シュトルツが弟子となり、二人で北アフリカのアレクサンドリアからスイス・ローザンヌへと旅行した。第一次世界大戦の際にはセイロン在住のドイツ人たちはイギリス政府に拘禁され、オーストラリアの僻地へ送られた。一九一四年、二人はチベットで原初の仏教を求めようとしたが、事情が許さなかった。一九一六年に解放され、シドニーからホノルル経由で中国・上海に渡った。しかし中国とドイツの関係が険悪となり、一九一九年、ドイツに強制送還された。僧となってからは初めてのドイツ帰国である。ドイツでエルゼ・ブーフホルツと出逢い、彼女の資金でイタリア、ジャワ（インドネシア）、シンガポール経由、一九二〇年、日本に到着。前後五年に渡る滞在の後、一九二六年、セイロンに帰国し、その地で七十九歳の生涯を終えた。彼の死はセイロンだけでなく、ドイツの大新聞ヴェルト（Welt）でも次のように報じられた。

ドイツ人仏教僧院長没―ドイツ人仏教徒、偉大なる僧院長ナヤカ長老ニャーナティローカは一九四七年五月、七十九歳でセイロンで生涯を終える。ドュッセルドルフ「ドイツ仏教協会」秘書発。彼は一八七八年、ヴィースバーデンでギムナジウムの校長の息子として生れ、当時、著名なバイオリニストとしてヨーロッパ、東洋で数多くのコンサート・ツアーを開いた。ハイデラバードのマハーラドチャにゲストとしていた時、仏教に親炙し、一九〇三年、仏教教団に入門した。一九〇四年、ビルマで僧として叙階され、一九一二年から生活し、ヨーロッパ、アメリカ、インド、シャム、中国、日本の修行僧に取り巻かれて生涯を終えた。セイロンの小島でヨーロッパ人、アメリカ人の僧院社会の偉大な院長として。

キリスト教に対する批判

ニャーナティローカが仏教に帰依した理由は、『浄土教報』に掲載された彼自身の論説「仏教に対する誤解の一、二」から知ることができる。論名にある「誤解」とは西洋人の仏教に対する誤解をいう。

彼らは無我と輪廻とは矛盾するというが、しかし仏教では輪廻すべき実体をたてず、業の相続があるだけである。また仏教は虚無主義でもないし、メランコリーの宗教とみるのも誤解である。さらに仏教ではいかなる悪人でも改悔遷善の実があれば、救済され、ついには無上道に到達できると説いている。「自浄其意」の教えを実践すれば救われるという。これに反し、ユダヤ教の教えは、一度、神の教えに背けば、永遠に燃え盛る火の中に陥落し、そこから到底這い上がることはできない。専制の王エホバは憐れむべき罪人に対して寸毫の慈悲も加えることがない。悪人は永遠に希望がなく、慰めとも無関係である。これが真正の厭世教である。(略)われわれは仏教に対する彼らの誤解を解かねばならない。そのためには無我と縁起の教理とを了知すべきである。そうして八聖道という正しい実践こそが実に肝要である(取意)。(『浄土教報』大正九年六月四日)。

このように彼はキリスト教思想の根幹を鋭く批判したのである。

パーリ語との出会い

仏典でもとりわけパーリ語資料に専念するに至った機縁についてニャーナティローカ自身、「回顧録」で次のように記している。

ここ(ビルマ)でアーナンダ・メッティヤや彼の友人で支援者、政府の病院の指導的立場にある医者、のちに高級官吏となったロスト博士(ラインホルト・ロストの息子、この人はチルダースの『パーリ語辞典』に貢献した人)と知己を得た。(略)特別の好奇心で神秘の横溢する『人びとの心』という本を読んだ。この本はビルマ人の国民性と生活、風俗を卓越した手法で書かれたもので、私は一段と理解を深めることができた。フラ・オングス婦人の家で私は仏教の在家信者がパーリ語で唱える三つの戒を諳んじ、儀式を始める際にはいつもパーリ語で機械的に唱えた(「自叙伝」十九頁)。

アーナンダ・メッティヤ（一八七二―一九二三）とはビルマ僧となったイギリス人カレン・マックレガーのことで、渡辺海旭は「歓喜慈」と当てている（『欧米の仏教』九頁）。なおこの人はラングーンに国際仏教協会を設立した。ニャーナティローカの『回顧録』にこうある。

アーナンダ・メッティヤは私にパーリ語学習を思い止まるよう諭し、かわりにビルマ語に集中させようとした。しかし私は全力でパーリ語に集中し、むしろビルマ語のほうは止めようとした。四年間でかなりパーリ語が話せるようになり、同時にビルマ語会話も容易に体得できた。というのもビルマ語はきわめて簡素で中国語、チベット語と同系の音節言語であり、世界で最も簡単な言語の一つだからである。僧院の上司で精神上の父（ウパジャヤ）は仏教哲学のアビダンマについて卓越した知識があり、二十四の因縁関係を説く『パッターナ（処）』という六つの厖大な書をすべて暗記していた（アビダンマピタカ（論蔵）全体の私の指導者）。私は正確なパーリ語とアビダンマ哲学を自家薬籠中のものとすることができた（「回顧録」二〇頁）。

この記述からみる限り、ニャーナティローカは自力でパーリ語を習得したと思われる。

二年後（一九〇六年）、ニャーナティローカはビルマからセイロンに赴いた。

一九〇六年、私はパーリ語とそのテキスト研究に専念するためにシャム・ラングーンからセイロンに移った。この年からパーリ語『増支部』経典の翻訳に着手し、その第一章を一九〇七年に出版。『ブッダのことば』も前年の一九〇六年に出版し、現在数か国語に翻訳されている（「自叙伝」二三頁）。

この時期、ニャーナティローカ自身、一人でパーリ語の仏典研究に没頭している。

ドイツ一時帰国

一九一九年、強制的にドイツに帰国させられた際、ベルリンでの日々について次のようにいう。

ベルリンの出版社から私の『ミリンダ王の問い』の第一巻の見本が二箱届いた。市立図書館（Stadtbibliothek）でほとんど毎日、朝から晩まで『ミリンダ王の問い』第二巻目の翻訳研究に没頭。その際、ベートリンク・ロートの七巻本『サンスクリット辞典』とヒーナティクンダラ・スマンガラによるシンハラ語訳を自由に使用した。また完備のゆき届いた州立図書館（Staats-）では一覧表に基づき細部まで作品全体の確認作業をした。一か月後に南方への旅に出た。フランクフルトからヴィースバーデン在住の妹の家に寄り、ウッパラヴァンナー（補、ブーフホルツ）を伴ないオーバーハムバッハへ向った。一九二〇年のことである（「自叙伝」一〇六頁）。州立図書館の資料は充実したものであったためか、一か月の滞在中、集中して翻訳作業を進めている。

来日

ニャーナティローカはこれに先立つ一九一六年、ハワイに立ち寄った際、当地の日本僧からドイツの高名なインド学者ロイマンの弟子渡辺海旭が日本にいることを聞いていた（当時の浄土宗ハワイ開教師長は久家慈光）。それを頼りにニャーナティローカは来日の途につく。彼はいう、

ことが首尾よく進んだのはこの上なく幸運であった。日本に行きたいという思いはいつもあった。数年来、日本のどこかの（専門）学校で教えたいという希望を持っていた。一九一六年十二

月、ホノルルの地で日本人僧からかつてシュトラースブルクでロイマン教授にインド学を学んだ著名な日本僧、渡辺海旭教授の名前とその住所を聞いていた。当時、いつか日本に行き、戦争中そこに滞在したいと思っていたが、しかし事情が許さなかった。（略）そこに記された住所は東京の芝公園にある学校名であった。その地でドイツ語を吃音でしゃべり、われわれの境遇に大変共感を持つ渡辺博士にようやく会うことができた（「自叙伝」一一二頁）。

大正九年（一九二〇）五月二十一日付けの『浄土教報』には、

独逸仏僧ニヤナチロカ長老は真に戦後流離の苦難を閲したる後、安禅静修の隠棲を吾が国に覚め、弟子ワッポー比丘及優婆夷ブッフホルツ嬢を伴いて来朝し、今や長老は吾が宗教大学に滞錫して、聖典翻伝、著作編述の事業を継続し、之と共に日本仏教に就きて大に研究する所あらんとし、ワッポー比丘は笈を曹洞宗大学に下ろして、パーリ三蔵の研鑽に伴い金剛王三昧の妙境に悟入せんとし、エルゼ嬢は淑徳女学校に止りて、女生訓育の傍、日本語を学び、大に上流女子の化導に備ふるあらんとす。蓋し最近教界に於ける稀有の慶事たるを失はず、又三氏の来朝に依り其与ふる所の影響、齎らす所の慶福も亦頗る大なるもののあるを予想するに難からず（大正九年五月二十一日）。

とある。同誌にはさらに「独逸仏教徒東京に入る―宗大の講師として就任の学僧、淑徳高女の新花形、曹洞大学の常任講師―」と改めて紹介欄がある。

独逸人にしてビルマ派仏教に入りて得度し苦修する二十年、長老の位ある、ニヤーナチロカ師

（四十一歳）、上足ワッポー大比丘（四十六歳）、浄信の優婆塞、エルゼ、ブッフホルツ嬢（三十一歳）の三名は、上海帝国総領事山崎氏の渡航許可証及紹介状を携へて去る十日突然東京に入り、芝中学に渡辺海旭氏を訪ひ、同氏の周旋にてエルゼ嬢は淑徳高女の寮舎に入り、ニヤ長老とワッポー比丘は錫を渡辺氏の住坊西光寺に留むること旬日、此間宗教大学及び駒沢の曹洞宗大学の交渉進みて、ニヤ長老は宗大の講師として、ワッポー比丘は曹大の講師として、英独語パーリ聖語及南方仏教学を担任することとなり、近日夫々両大学の教授寮舎に遷る筈なり。

ニャーナティローカは同じドイツ人の弟子ワッポー、尼僧エルゼの二人とともに東京に到着。さっそく芝中学で渡辺海旭と対面し、ニャーナティローカとワッポーの二人は渡辺の自坊深川西光寺に、エルゼは小石川の浄土宗立淑徳女学校の寮に入る。就職先も渡辺の斡旋でニャーナティローカとワッポーは宗教大学（大正）と曹洞宗大学（駒沢）で教鞭を執ることとなった。彼らの来日は仏教界の「頽敗乱雑の風紀」を刺激し一新するであろうとまである。

渡辺海旭は住職を務める西光寺が「招提寺」（四方に開かれた寺）と呼ばれるほど、来日する多くの外国人を招き入れた。その後、ニャーナティローカは宗大の寮に移った。

深川西光寺に滞錫中なる同長老は宗大教授寮舎に転錫することとなり、同長老の通訳兼世話役としては鵜飼留学生之に当ることとなり、隣室に起臥することとなりたり（大正九年五月二十八日）。

この間の事情はニャーナティローカ自身も「自叙伝」に次のようにいう。

その時、インフレで、ドイツ・マルクが下落していたため、彼（渡辺海旭）はもの惜しみすることなく、我われの宿の費用を支払ってくれた。そうして三人に相応しい教職のポストがみつかるまで、自分の寺に止宿するよう申し出てくれた。ウッパラバンナー（ブーフホルツ）は東京の中心にある伝通院の女学校の英語教師、ワッポーは東京郊外の国立学校でドイツ語会話を担当することになった。私は大正大学でパーリ語の講師として雇われた。当座、私の給与といえば表向きだけのものであった。しかし食事と住まいの費用は不要で、慶応大学、帝国大学、日蓮宗専門学校と他の施設では給与が支払われたため、とにかく数カ月間は切り抜けることができた。二、三の人には個人的に英語とドイツ語を教えた（「自叙伝」一一二頁）。

この年、宗教大学では図書館の地鎮式を兼ねた記念祭が開催され、全校生三百名、増上寺の堀尾貫務台下が臨席、学長望月信亨の挨拶、ニャーナティローカ自身による来日に至るまでの話（渡辺海旭が通訳）がある。余興に合唱、琵琶、百面相、仕舞、仮装行列があった（『浄土教報』）。

ニャーナティローカから三人は全校あげて歓迎されている。

弟子ワッポー

ニャーナティローカには生涯を通じてドイツ人、イギリス人、チベット人など総勢四十数名にのぼる弟子がいたことからも知られるように、仁徳と統率力のある人であった。その一人で彼とともに来日したワッポーはドイツ社会事業の本拠地エーベルフェルトの生まれ。長年ドイツ諸大都市で医療機器の技師として働き、眼科分野で重用され、その間、仏教書を読み、ニャーナティローカの名を知

り、その徳風を慕い、セイロンへ渡って弟子となった。師のニャーナティローカが中国、ビルマで拘禁された際も辛苦を共にし、日本にも同行したのである。拳闘の名手で、人柄は温良で信仰心厚く、日本では禅の修行を希望した（『浄土教報』）。

尼僧エルゼ・ブーフホルツ

ブーフホルツはヴィースバーデンの生まれ。二歳で両親を亡くすという不幸が続く。ピアノと哲学を好み、とくにプラトン、ショーペンハウエルを耽読。長じてニャーナティローカの著作を読むに及び、彼に帰依した。静寂を愛し、ドイツではオーデンの森の一軒家に隠棲していたがニャーナティローカに帰依し、ともに来日した。

エルゼは渡辺海旭の斡旋によりすでにふれたように、淑徳女学校で英語の職を得ることができた。「淑徳の新しき誇り」と題するニャーナティローカによる彼女の紹介文（校誌）がある。

エルゼ・ブーフホルツ嬢は裕福な家庭に生まれたものの、両親がコレラに罹り、朝に父が、夕に母がという具合に亡くなってしまった。時に彼女はまだ二歳であった。ただちにハンブルクのとある旧家で、富裕な貴族の婦人の家に養女として引き取られた。長じるに及んで、ベルリンに行き、そこでピアノの達人に就きピアノと作曲を学び、すぐれた妙手となった。幼少時から女性の

家庭教師に就いて英語とフランス語とを学んだ。その後、ロンドンに滞在したり、フランス領スイスのモナークペンショト（一種の学校）に入り、一年数カ月いたこともあった。しかし彼女の精神は世俗的な歓楽や世間的習俗に全く傾くことなく、もっぱら幽居を楽しみ、真理の探究に没頭するに至った。しかし養母の家に住む間は一般の信仰や儀式に束縛され、思想上の自由など許されなかった。養母は生前、ベルリンの教会から多額の金を寄附するよう勧められたが、しかしそれを肯んぜず、全額をエルゼに譲って亡くなった。母の死後、エルゼはオーデンの森に隠棲し、その森の中の小奇麗な一軒家で心ゆくまで独居生活を送っていた。彼女は多くの人々に共感の志を持ち、所持金をあらかた使い果たしていた。しかしそれでも二人（ニャーナティローカとワッポー）と自分を含む三人が日本に赴くための旅費は彼女一人の支弁によるものであった。その額はおよそ八百円で、戦前なら優に二万円に相当した（『浄土教報』大正九年七月九日）。

彼女は直観的に仏教の真随を理解するだけでなく、ニャーナティローカの著書を通じていっそう仏教に親しむようになった。世俗的な一切から超越しついに比丘尼となり、ブッダの懐で安眠しようと決心したという（『浄土教報』）。

仏教に対し揺るぎのない信仰心を持ち、祖国を棄て異郷の地で生涯を送る決心をしたと伝えている。

三人それぞれの人柄については渡辺海旭がこう記している。

ニャーナティローカー「戒律を護する極めて厳正、日に自ら刀を把りて剃髪し、蚊虻虫蟻の小物に対しても慈悲不殺の精神自ら溢れ、人をして覚へず襟を正うせしむ。謂ふに学徳兼備の称は長者の如き老宿に対して方めて之を用ゆるを得べきか」。

ワッポーー「虔信実修の大比丘、師に対する恭敬の美徳、道を守る端粛の行儀、蓋し容易に求むべからず」。

ブーフホルツー「巾幗繊弱の女を以て、産を傾け資を尽してニヤナ長老師弟を供養尊重し、清白純潔の信行、実に仏教婦人の模範たるに足る」（『浄土教報』）。

これは単なる紹介でなく、三人それぞれに対するいずれも最上の讃美である。

東京での仮寓と就職

日本での三人の生活は日本式であったという。

長老比丘の両師は多年セイロンにありたることとて日本食を愛用し、外出の外に日本服を用いて寸陰を惜み、パーリ聖典を読み耽りつつあり、エルゼ女史も力めて日本に慣るる工夫を為し、多くは淑徳女生の割烹練習の魚菜などを用ゆ、何れも南方仏教徒たる故、飲酒と性交は絶対に禁止するも肉類魚類は自由に之を愛用しつつあり。両師は西光寺に於ては朝起後仏殿に出でて礼拝し。エルゼ嬢は毎朝四時頃より伝通院大殿に出で、貫主昇堂退殿迄熱心に礼拝を続けつつありと（『浄土教報』五月二十一日）。

南方仏教の戒律に厳格なニャーナティローカは日本僧が結婚し、子供がいること、尼僧も酒を飲むありさまについては悲観的であった（『自叙伝』一四〇頁）。

曹洞宗（駒沢）大学でのパーリ語講義

来日と同時に、ニャーナティローカは『増一阿含経』（パーリ語アングッタラニカーヤ）のドイツ語訳の校正を進めつつ、曹洞宗大学、宗教大学双方でパーリ仏典の講義を持った。彼の教えかたは「平明」で、他大学や専門学校生も聴講に来るほどであったとされる。

ときの曹洞宗大学の学長は忽滑谷快天。大正九年時点で、曹洞宗大学にはパーリ語の授業はなく、そこに新たにニャーナティローカが採用され、毎週一回、教鞭をとった。ワッポーも同じく曹洞宗大学で教鞭を執った。『駒沢大学百年史』に、

ワッポー比丘　大学講師　大正九年九月

とあり、講義内容はドイツ語か英語だったろう。

曹洞宗大では大正十一年、パーリ語をセイロンで四年間、その後オックスフォードで学んだ立花俊道が帰国し、パーリ語を担当した。立花は明治四十三年にわが国で初めてパーリ語辞典『巴利語文典』を出版した人。その序文によると帝大教授高楠順次郎からの慫慂があったためとある。立花はこの書を著すに当たり、Bālavatara、Mahārūpasiddhi、英文ではChas. Duroiselle の *A Practical Grammar of the Pali Language*, Rangoon、それに榊亮三郎の『解説梵語学』を参照したと記している。パーリ語文法書にラングーンで出版された書があるから、ビルマで得度したニャーナティローカもこの書を大いに活用したと思われる。

曹洞宗大学では大正十三年（一九二四）に、アビダルマを専門とする渡辺楳雄が講座を担当するが、パーリ語かどうかははっきりしない。渡辺楳雄は木村泰賢もロンドンで師事したステッドの自宅に半年間住み込んでいたから、むろんパーリ語も直接学んだと思われる。

ニャーナティローカは曹洞宗大学の教員仲間に山上曹源がいたことも記している（立花俊道、山上曹源の二人は後年、駒沢大と改称されてからの学長となった）。

尼僧ブーフホルツも淑徳女学校のほか曹洞宗大学で「教職員」として採用された。『駒沢大学百年史』に、

エルゼ・ブッフホルツ　大学教職員　～大正十一年～

とある。英語かドイツ語であろう。

一年後の離日

約一年の滞日後、一九二一年の十二月、ニャーナティローカとワッポーは日本をあとにし、ジャワ経由でタイ・バンコックに向かおうとした。それに先立ち、宗教大学で盛大な送別会が開催された。

「独逸長老ニャーナチロカ氏送別会」

去る五月来日し、宗教大学でパーリ語およびドイツ語を教える傍らに諸寺でも講演しつつあるニャーナチロカは来る十二日、積年の希望であった第二の故郷たる南方仏教の根拠地シャム国に出発することになった。その際、宗教大学においては六日、講堂にて厳粛な送別会を開き、友人渡辺海旭の開会辞の後、校友会を代表して大橋戒俊氏の英語別辞、金一封五十圓の贈呈。卒業生総

代吉田政雄氏の英語演説、望月校長の送別の辞（渡辺氏通訳）があったあと、ニャーナチローカの謹厳痛切な英語の謝辞り、最後に三帰依及五戒のパーリ聖文を謹誦して式を終えた。ニャーナチローカは愛弟ワッポー比丘を同伴、九日夜東京を出発ののち京都に入り、知恩院その他を巡拝し、神戸では望月信亨学長の自坊に少憩した後、第二の故郷たるバンコックの僧苑に戻ることとなった（大正九年十二月十日）。

この式典ではパーリ語による三帰依、五戒の読誦とあるように、南方仏教の儀礼形式を採用している。その後、ニャーナティローカらは渡辺海旭と共に京都に向かい、浄土宗立家政女学校ならびに知恩院を表敬訪問した。

「独逸長老の祖山参拝—猊下と長時間の対談—」

独乙仏教長老ニヤナチロカ和上及高弟ワッポー比丘の二師は道友渡辺海旭氏と共に夜学生信徒其他の見送を受けて東京駅を出発し翌十日早天京都に入り、家政女学校にて朝餐のの上、両師とも衣を僧伽利の大衣に更めてから校長大島（徹水）氏はその修身時間数分を割き七百の女生徒に対し、長老の訓話を行ひたり、長老は三帰と孝道とに就き吉祥経を引きて簡明適切の講話を為し、渡辺氏之を通訳せり（大正九年十二月十七日）。

家政女学校（現京都文教大学）では七百人に及ぶ女生徒の前で、校長大島徹水がニャーナティローカとワッポーを紹介、ニャーナティローカは簡潔な講話をしている。その際も渡辺海旭が通訳を担当した。

次いで午前十時、祖山に登嶺、大殿阿弥陀堂にて厳重の焼香礼拝をすませ諸堂の巡覧を為して猊下と対談し、戒法のこと、衣体のこと其他に就き三十分以上も懇談を重ね、再遊を期して辞去し、次で二百の男女加行僧に対し約四十分の五戒通説及学衆並びに通戒偈と三学との関係につき訓話し渡辺氏之を伝訳し、貎下も別席にて熱心に聴講せられたり。かくて祖山にて鄭重の午餐並びに紀念品の贈呈を受けて神戸に出で、其夜出発一切の準備を完了し、望月宗大学長の周到の要意にて其夜同氏住董の肉山藤之寺に一泊し、院内大衆の熱心親切の歓迎を受け、翌朝同寺本尊前に一会の奉別礼拝を捧げたる後、十一時出航のバタビヤ丸にて蘭領バタビヤに向け発程したり（大正九年十二月十七日）。

祖山（知恩院）では師走、ちょうど修行（加行）の真っ最中であった。ニャーナティローカは約二百名の修行僧の前で三十分以上、五戒、三学について講演（やはり渡辺が通訳）。その後、神戸にある宗教大学学長望月信亨の自坊藤乃寺で一泊し、日本を発つ手はずが整った。

日本再入国

ところがニャーナティローカらはシャム入国が不可能となり、再び日本に戻らざるを得なくなった。その間に二人は重いマラリヤ熱に冒され、三か月間静養の後、回復。もっとも日本へはそのまま戻れず、シャム政府の保護下、中国まで送還され、そこで日本領事の許可を得、上海経由、八幡丸で横浜に到着（ただワッポーはマラリア熱の継続した治療が必要と診察され、いったんドイツに帰国し、ようやく一九二三年、横浜に到着）。ニャーナティローカ自身は再び渡辺海旭の自坊深川西光寺に到着するものの福島県飯坂温泉で静養、回復をまって再び宗教大学で教鞭を執れるようになった。

ワッポーも曹洞宗大学に復職した（『浄土教報』五月二十日）。

教鞭と交遊

ニャーナティローカは再来日後、再び諸学校で教鞭を執ったことについて次のようにいう。

東京での二回目の滞在中（一九二一年四月二十一日から五月二十六日まで）も再び教育に従事することができた。大正大学（パーリ語、ドイツ語）、明治専門学校、芝にある医学専門学校（ドイツ語、ラテン語）、さらに駒沢大学（パーリ語）。そのほか国立専門学校の代理である防衛大学校では外国語。（略）私は講義に並行して自由な時間を仏典の研究にあてた。たとえば、『パーリ語選文集』を完成させ、『ミリンダ王の問い』（ドイツ語訳）の二巻目、『増支部』経典の最終巻などである（「回顧録」一二五頁）。

ここに記された『パーリ語選文集』は小冊子ながら、のちに中村元が『ブッダの真理のことば』（法句経、岩波文庫）、『ジャータカ』を日本語訳する際、しばしば引用し重視した書。

大正大学では河口慧海や増田慈良（ハイデルベルク留学前と帰国後）との交遊、そのほか、教え子に友松円諦（一八九五―一九七三）、松本徳明（一八九八―一九八一）、石黒弥致らがいた（「回顧録」一二六頁）。

ニャーナティローカは一高のドイツ語講師として来日していたドイツ人ペツォルト（一八七三―一九四九）とも知遇を得ている。天台宗の僧籍をとったペツォルトは同じドイツ出身の仏僧に出会い、一段と深く仏教に帰依したと思われる。天台宗ではのちに彼に権大僧正という高い位階まで授与した。ペツォルトは持戒堅固であったニャーナティローカの僧としての姿にうたれ、大きな影響を受けたと思われる。

駐日ドイツ大使ゾルフ（一八六二―一九三六）と親しくなったことも幸運であった。しばしば食事に招かれ、その縁でドイツ・アジア協会で講演をした（『回顧録』一一三―一一五頁）。エルゼも一時期、ゾルフ夫人と全寮制宿舎で過ごしたり、その後も二人は良好な交際を続けている（『回顧録』一一五頁）。

ワッポーの活躍

ワッポーは芝中学校では夏季水泳にも参加し、生徒にドイツ流の泳法を教えたりした。そのほか大正十三年には京都、仏教専門学校主催全国学生雄弁大会の際、五百人の聴衆の前でパーリ語「マンガラ・スッタ（吉祥経）」を講義した。「マンガラ・スッタ」は『スッタニパータ』の一節で、東南アジアでは結婚式などで読誦される経典。当日、感激を受けた教授稲垣真我は『浄土教報』にその様相を「この天籟に聴け」と題して大きくとり上げている。

パーリ語学界の動向

ニャーナティローカの教え子の一人、友松円諦は一九二一年七月の『浄土教報』に「最近独逸仏教界の情勢」（ミュンヘンから入手した手紙によるという）と題して寄稿。そこには一、翻訳事業、二、最近の仏教雑誌の情勢、三、日本仏像の作製の三点に分け、一の項で主なパーリ聖典はほぼ校訂が終わり、次いでいずれかの言語に翻訳され始め、いまやそれも完了期とある。具体的に『長部』経典についてはドイツのダールケとオットー・フランケ、それにノイマンのものが現在印刷中。『中部』経典はノイマンによる全訳三冊本は絶版であったが、現在再版に着手中。フランケ、シーラチャーラによる部分訳もある。『増支部』経典は「今宗大に教鞭をとっていられるニャーナティローカ長老の四冊がでている」とし、論蔵についても、やはりニャーナティローカが「『プッガラ・パンニャッティ（人施設論）』の一部を翻訳し、『ミリンダ王の問い』（那先比丘経）もドイツ語訳されている」とある。友松によるこの報告によってもニャーナティローカのパーリ語学界に占める彼の位置づけが改めて知られる。

著書と翻訳

パーリ語はインドでは仏教最初期に用いられ、その後、東南アジアに伝わった仏典の用語であるが、ニャーナティローカはこうした仏教の大きな分野の研究に一生を捧げた。

その功績として初期仏典の分野では『増支部』経典全巻、それに『ダンマパダ（法句経）』をドイツ語訳、理論書の分野では『人施設論』『ミリンダ王の問い』『清浄道論』『アビダンマッタサンガハ』、そのほか『ブッダの教え』『系統的パーリ文法』『パーリ撰文集と辞典』『ブッダのことば』『サティ・パッターナ（念処）』などといった重要な書の翻訳、研究出版がある。

それぞれの書に対する反響は大きく、それもドイツのインド学者による書評がすこぶる多い。『人施設論』『ブッダの教え』についてはパーリ語学者ザイデンシュトュッカー、グラーゼナップ、近年でもゲッティンゲン大学教授ベッヒャルトによるもの。『ミリンダ王の問い』にはオットー・フランケ、ザイデンシュトゥッカー、『系統的パーリ文法』『パーリ撰文集と辞書』にはザイデンシュトゥッカーといった具合である。ガイガーがパーリ語の最もまとまった文法書を出版したのは一九一八年であり、「回顧録」（一〇六頁）によれば、出版の翌年、ニャーナティローカは僧として初めてドイツに帰国した際、ミュンヘンでガイガーと対面している。

『ブッダのことば』にはザイデンシュトゥッカーが序文を寄せ、高名なオーストリアの言語学者マイヤホーファー、ベッヒャルトによる書評がある。この書は英語、フランス語、イタリア語、カタラニヤ語、ロシア語に翻訳された。

『サティ・パッターナ（念処）』にも英訳、フランス語訳、イタリア語訳、スペイン語訳、インドネシア語訳がある。

一九五二年、『仏教辞典』発刊に際してはドイツ・ヘッセン州でラジオ放送された。

仏教理論の体系書『清浄道論』のドイツ語訳の際にはその注釈書（『パラッマッタマンズーサ』）まで深く読み込み、九八一頁という重厚な一冊として出版された。『清浄道論』のような大部な書の翻訳はアカデミック機関で長い年月を要する仕事といえるが、それを諸国遍歴しつつ完遂したことは驚異的である。わが国では一九三六年に石黒弥致が日本語訳（未完）している。その序言に「嘗て大正九年頃我が国に亡命来朝された独逸の Nyanatiloka 師に斯学の手ほどきをして戴いた」とあり、ここには「亡命」と穏やかでない記述、あるいは『浄土教報』（大正九年五月二十一日付け）に「千語流離の苦難を閲した」とある点はともかく、石黒はニャーナティローカの滞日中、直接パーリ語の薫陶を受けた。これはニャーナティローカの自叙伝に彼の名があるとおり。なお『清浄道論』の日本語訳に石黒訳とその後の水野弘元訳とがあるが、ともに漢訳語を多用するのに対し、ニャーナティローカのドイツ語訳はパーリ語本文から訳されているため、意味がわかり易い利点がある。

外国人僧の住まい

ニャーナティローカは滞日中の住居について、

駒沢大学に近い小さな日本家屋、巣鴨の石造りで二階建ての家、大森では野菜と花壇のある二階建ての家、ここは天に届くような高台に茶畑と竹林のあるところだった。

とあるように、再三移転した。この点に関連して、渡辺海旭は外国人僧の来日時に際しての宿泊施設として寺院利用の必要性を訴えている。

現在に於て痛切に遺憾を感ずるは、此等遠来求法の大徳を安ずるに足るべき、十方僧留錫の招提寺の制が全く其跡を断てるにあり。浄行実修、規律ある僧伽藍律寺禅院の殆ど摩滅し去りて、浄行実修の外国僧（伽）をして甚しく失望せしむること是也（吾人茲に於てか国際的に止宿安息の便宜近代的に整頓せる）。謂ふに各宗は此最近の切実なる要求に見て、寺院改造の一面に四方遠来の学人止住の籃摩を復旧するの要あるを認め、帝都に於て少くとも一二の国際的公共寺院即招提寺の再建を見んことを切望して止まず（「ニヤナチロカ長老を迎ふ」）。

ここでは具体的に上野の天台宗塔頭寺院、芝公園の増上寺の名をあげ、その末寺などの活用を促している。

離日

尼僧エルゼ・ブーフホルツは一年半の滞日後、大正十一年（一九二二年）十一月、単身セイロンに移った。その際、渡航費の捻出を兼ねた淑徳女学校主催の送別演奏会（神田青年会館）が開催された。曹洞宗の山上曹源、それに当時、精華女学校長、渡辺海旭らによる後援があった（大正十一年、九月二十九日、『浄土教報』）。

ブーフホルツがコロンボに戻り居を構えていた時、ドイツのザクセン王やバイエルンの皇太子が訪問した（『ドイツ人仏教徒の経歴』三六頁）。彼女の存在はドイツの皇族にまで注目されていたのである。

ニャーナティローカのほうは、いよいよ大正十五年（一九二六）三月、ワッポーを伴って日本を発つ運びとなった。東京から京都に向かい、華頂女学校では有志主催の送別会があり、その後、知恩院の山下現有管長に離別の辞を述べ、神戸からセイロンに発った（『浄土教報』大正十五年四月二十六日）。

ニャーナティローカ、ブーフホルツ（春秋九十四歳）はともにセイロンで生涯を終えた。ニャーナティローカの墓碑銘は弟子のワッポー（アッサジの名）が書き、パーリ語、シンハラ語、ドイツ語、英語の四か国語で刻印されている。

こうしてニャーナティローカは日本に足かけ五年の滞日中、諸大学、専門学校で教鞭をとるほか、皇后陛下主催の園遊会（ガルテンパーティー）にも招かれている（「回顧録」一二七頁）。滞日中、とりわけ渡辺海旭が彼らを自坊に宿泊させたり、諸学校を斡旋、京都にも随行し、知恩院、家政女学校などでの講演開催など多くの局面で世話をし、利他の精神には際立つものがあったことも知られる。

ニャーナティローカのパーリ語を中心とした仏典研究、それに翻訳書などの量は当時のみならず、現在のドイツのパーリ語学者と比べても驚異的である。文字どおり波瀾に満ちた生涯であったが、わが国滞在中、パーリ仏典研究の定着と進展に大きく寄与したことが知られる。

主要参考文献

赤松明彦『バガヴァッド・ギーター、書物誕生』岩波書店　二〇〇八年
姉崎正治『現身仏と法身仏』（著作集第七）国書刊行会　（初版、一九〇二年）　一九五六年
池田久代「掘至徳」『中外日報』平成二十四年三月六日―十七日
石上善応「パーリ語文献の翻訳」水野弘元博士米寿記念『パーリ文化学の世界』春秋社　一九九〇年
石黒弥致訳註『清浄道論　上』東洋文庫　一九三六年
泉芳璟「明治時代に於ける渡印の佛教徒」（『現代仏教』一〇五）一九三三年
泉芳璟『復刻・インド古代性典集』人間の科学社　一九七九年
泉芳璟『印度旅日記』発藻堂書院　一九二八年
泉芳璟『仏教文学史（下）』一九三九年　仏教年鑑社
泉芳璟「梵語学を修めんとする人に」（『智山学報』第一号）一九一四年
一島正真「大宮孝潤」『中外日報』平成二十四年三月二一日―四月十二日。
石上和敬「高楠順次郎を解剖する」（「大正大学総合仏教研究所公開講座」資料、二〇一七、一一、二四）
宇井伯寿「ブーサン先生を憶ふ」（『仏教研究』二―三）大東出版社　一九三八年
宇井伯寿「仏教経典史」『同著作選集』第七、大東出版社　一九六八年
宇井伯寿『インド哲学から仏教へ』岩波書店　一九七六年
上山大峻「大谷光瑞」『東洋学の系譜』大修館書店　一九九四年
荻原雲来「仏教梵語界の一恨事」（『哲学雑誌』二三二号）一九〇六年

荻原雲来『荻原雲来文集』山喜房佛書林　一九七二年
奥山直司『評伝河口慧海』中央公論新社　二〇〇三年
奥山直司「ランカーの八僧―明治二十年代前半の印度留学僧の事跡」（『仏教文化学会・北條賢三教授古稀記念、インド学諸思想とその周延』）二〇〇四年
奥山直司「明治インド留学生」（田中・奥山編『コンタクト・ゾーンの人文学』）晃洋書房　二〇一三年
奥山直司「明治印度留学生」（『印度学仏教学研究』六四―二）二〇一六年
長田俊樹『新インド学』角川書店　二〇〇二年
『笠原遺文集』博文堂　一八九九年
柏原祐泉「維新期の真宗」（『真宗資料集成』第十）法蔵館　二〇〇三年
金沢篤「『カーマ・スートラ』は如何に受容されたか?―『印度愛経文献考』周覧（1）―」（『駒沢大学仏教学部論集』第三十六号）二〇〇五年
金沢篤「泉芳璟教授著訳書論文目録―「カーマ・シャーストラ」受容史構築のために（2）―」（『駒沢大学仏教学部研究紀要』第六九号）二〇一一年
金沢篤「戯曲『シャクンタラー姫』の和訳（2）―「カーマ・シャーストラ」受容史構築のために（3）―」（『駒沢大学仏教学部論集』第四二号）二〇一一年
河口慧海『チベット旅行記』講談社学術文庫
河口慧海『在家仏教』（『同著作選集』第三巻）
古宇田亮修「文献学者としての渡辺海旭」（『仏教文化学会紀要』二四）二〇一五年

『壺月全集』壺月全集刊行会編　大東出版社　一九三三年
下田正弘「近代人文学史からみた仏教学と宗教学―マックス・ミュラーの偉業―」『比較宗教学の誕生』、図書刊行会　二〇一四年
白石真道「恩師ロイマン教授」『白石真道　仏教学論文集』一九八八年
釈宗演『西南之仏教』一八八九年
末木文美士『明治思想家論―近代日本の思想再考』　トランスビュー　二〇〇四年
末木文美士「仏教研究方法論と研究史」『新アジア仏教史一四、近代国家と仏教』佼成出版社　二〇一一年
『鈴木大拙全集』別巻一　岩波書店
高楠順次郎「明治仏教に影響を与へた西洋の仏教学者」（『同全集』第十）
高橋英夫『ドイツを読む愉しみ』講談社　一九九八年
多屋頼俊「石川舜台と東本願寺」『近代仏教』法藏館　一九六一年
陳継東「近代仏教の夜明け」『思想』九四三、二〇〇二年
常盤井慈裕「専修寺二十二世法主堯猷と高楠順次郎の交遊関係について」（『武蔵野女子大仏教文化研究所紀要』一一）
徳永（宗）茅生『梵語直訳印度古譚　五章の物語』平凡社　一九六五年
友松諦道・山本幸世編『人の生をうくるは難く―友松圓諦小伝』真理運動本部　一九七五年
長井真琴「明治時代の原典研究」（『現代仏教』一〇五、一九三三年）
中谷英明「シルヴァン・レヴィ」（『東洋学の系譜』大修館書店　一九九四年
中村元「インド文明研究の先覚者を想う」（『東方界』五〇）書林東方界　一九七八年

中村元『比較思想論』岩波全書、一九六〇年、
中村元『東西文化の交流』別巻五、春秋社　一九九八年
中村元『ゴータマ・ブッダⅡ』同選集第十二　春秋社　一九九二年
南条文雄『懐旧録』、東洋文庫、一九七九年
南条文雄「欧州梵語学史」（『南条文雄著作集』）うしお書店
西村実則『新版　荻原雲来と渡辺海旭―ドイツ・インド学と近代日本―』大法輪閣　二〇一九年
羽渓了諦「明治仏教学者の海外進出」（『現代仏教』一〇五）一九三三年
馬場紀寿「「大乗仏教」と「上座部仏教」の誕生―釈宗演が近代仏教学へ与えた影響―」『釈宗演と近代日本』臨済宗大本山円覚寺二〇一八年
東元慶喜「わが国における上座部研究の過去と将来」『パーリ文化学の世界』前出
干潟龍祥「高楠先生の憶い出」『宗教　増刊高楠順次郎博士特集号』教育新潮社　一九七六年
平野聡『大清帝国と中華の混迷』興亡の世界史、講談社　二〇一八年
平等通照編著『印度文学読本』印度学研究会　一九三七年
藤井健志「仏教者の海外進出」『新アジア仏教史　一四、近代国家と仏教』佼成出版社　二〇一一年
本多隆成『シルクロードに仏跡を訪ねて―大谷探検隊紀行―』吉川弘文館　二〇一六年
前嶋信次『インド学の曙』世界聖典刊行協会　一九八五年
前田愛『幕末・維新期の文学　成島柳北』（『同著作集』第一巻）筑摩書房　一九八九年
松井透「イギリスのインド支配の論理」（『思想』四八九号）一九六五年

松井透「ウィリアム・ジョーンズのインド論とインド統治論」（『東洋文化研究所紀要』四四冊）一九六七年
松田和信『インド省図書館蔵　中央アジア出土大乗涅槃経梵文断簡集』東洋文庫　一九八八年
松田和信「ネパール系古層写本の新比定」（『印度学仏教学研究』三十九―一）一九九〇年
松田和信「セシル・ベンドールのネパール写本探査行（一八九八―九九）」（『佛教大学総合研究所報』十一）一九九六年
松田和信「中央アジアの仏教写本」『新アジア仏教史　五、文明・文化の交差点』佼成出版社　二〇一〇年
宮本正尊「明治仏教教学史」（『現代仏教』一〇五）一九三三年
宮本正尊「プサン先生を偲ぶ」（『仏教研究』二―三）大東出版社　一九三八年
安川隆司「インド文明の発見―ウイリアム・ジョーンズ―」（『社会的異端者の系譜―イギリス史上の人々―』）、三省堂　一九八九年
山上貞『遂浪随波』（非売品）神奈川新聞社　一九五七年
山口輝臣「釈宗演―そのインド体験」小川原正道編『近代日本の仏教者―アジア体験と思想の変容―』慶応義塾大学出版会　二〇一〇年
湯山明「中央アジアの梵語仏典」（『東洋学術研究』二三―一）一九八四年
湯山明「西洋人の大乗仏教研究史」（講座大乗仏教）春秋社　一九八五年
湯山明「ビュルヌーフの法華経研究の学史的周辺」（『法華文化研究』第二〇号）一九九四年
湯山明「*Miscellanea Philologica Buddhica*（II）」（『創価大学・国際仏教学高等研究所年報』）七　二〇〇四年
吉村貫練「明治時代の新聞が取り上げた仏教界の大事件」（『現代仏教』一〇五）一九三三年
渡瀬信之訳『マヌ法典』中公文庫　一九九一年

渡辺照宏「海外における仏教研究の動向、フランス」（新装版『講座近代仏教　上』）法蔵館　二〇一三年

『宗教　増刊　高楠順次郎博士特集号』教育新潮社　一九七六年

ドナルド・S・ロペス（高橋原訳）「ビュルヌフと仏教研究の誕生」（『近代と仏教』）国際日本文化研究センター　二〇一二年

ハンス・G・キッペンベルク『宗教史の発見―宗教学と近代―』月本、渡辺、久保田訳　岩波書店　二〇〇五年

フリードリヒ・マックス・ミュラー『比較宗教学の誕生』（宗教学名著選２）日野慧運訳「仏教」国書刊行会　二〇一四年

É.ラモート、大谷大学仏教学研究室訳「ルイ・ド・ラ・ヴァレー・プーサン教授についての略述」（『仏教学セミナー』三）一九六六年

リチャード・ジャフィ「釈尊を探して―近代日本仏教の誕生と世界旅行」（『思想』九四三）二〇〇二年

ロジェ・ポル・ドロワ『虚無の信仰』島田裕己・田桐正彦訳　トランスビュー　二〇〇二年

K.S.Ramaswami Sastri. *Eminent Orientalists. Indian European American.* New Delhi 1991

Max Müller. *Buddhist Text from Japan*（Anecdota Oxoniensia）1883

Max Müller. *Biographical Esseys.* London 1884

V.Stache-Rosen. *German Indologists.* Max Muller Bhavans In India 1990

Rhys-Davids. *Buddhist India* London 1903『仏教時代のインド』中村了昭訳　大東出版社　一九八六年

Bruno Petzold. Sanskrit Learning in Japan and Prof・Wogihara（*Journal of the Taisyo University* Vols Ⅵ - Ⅶ）1930

Th. Stcherbatsky. *The Conception of Buddhist Nirvana* Leningrad 1927『大乗仏教概論』金岡秀友訳　一九五七年　理想社

H.Hecker. *Der erste deutsche Bhikkhu,* Das bewegte Leben des Ehrwürdigen Nyānatiloka（1878-1957）und seine Schüler. Verlag Beyerlein & Steinschulte 2007（erstmals Konstanz 1995）

Ders. *Lebensbilder deutscher Buddhisten.* Band Ⅰ. Ⅱ. Verlag Beyerlein & Steinschulte (erstmals Konstanz 1996)

E. Leumann. *Kleine Schriften.* (Glasenapp-Stiftung Band 37) Stuttgart 1998

E. Waltschmidt. *Kleine Schriften.* (Glasenapp-Stiftung Band 29) Stuttgart 1989

おわりに

先にドイツに留学した荻原雲来と渡辺海旭の二人についてまとめた一書（『荻原雲来と渡辺海旭―ドイツ・インド学と近代日本―』）を上梓したことがある。それに引き続いて近代の全体像を、それも必要最小限でまとめてみたいと思っていた。書き終えたいま、卓越した碩学たちに圧倒され、頭がさがるばかりである。ただ、より詳しく知りたいと思っても資料が不足していて書けなかった人びとが多かったのは心残りである。

後半の五篇はそれぞれ分量が多く、全体とのバランスで別立てとした次第である。

なお写真について日本人学者については周知のことと思い、最小限にとどめた。

古稀を過ぎた今、若いころ学窓で学んだ先生がたがなつかしく甦ってくる。それに日本の仏都というべき京都への想いも深まるばかりである。このように今日まで仏法を学べる機縁をつくってくださった多くの先生ならびに一昨年五十回忌を迎えた師僧西村大岩に感謝したい。

令和三年四月

著者識す

初出一覧

近代日本の梵語学史（『三康文化研究所年報』五〇、令和元年）
近代日本の梵語学史・補遺—帰国後の南条文雄・山口益・サンスクリット文学—（『三康文化研究所年報』五一、令和二年）
薗田宗恵のベルリン留学（三友健容博士古稀記念『智慧のともしび　アビダルマ佛教の展開』平成二十八年）
宇井伯寿のテュービンゲン留学（『大正大学研究紀要』一〇二、平成二十九年）
ニャーナティローカのパーリ仏典研究と滞日（『三康文化研究所年報』四十九、平成三十年）
ハイデルベルクのヴァレザーと友松円諦（『大正大学綜合仏教研究所年報』三十五、平成二十五年）
近代におけるサンスクリット文法書の出版（（『大正大学研究紀要』一〇三、平成三十年）

なお一書にするにあたって加筆してある。

図版
Journal of the Pali Text Society. 1923.
W.Rau, *Bilder Hundert Deutscher Indologen*. Wiesbaden. Sylvain *Lévi et Son Œuvre*.
H.Hecker, *Lebensbilder deutscher Buddhisten*.
『高楠順次郎全集』第五巻、『荻原雲来文集』、『壺月全集』、『仏教研究』二―三、一九三八年

ひ

ふ

へ

ほ

ま

し

す

せ

そ

た

索　引

著者略歴

西村実則（にしむら　みのり）

1947年生れ。大正大学大学院博士課程修了。
旧西ドイツ・ゲッティンゲン大学留学
現　在　大正大学名誉教授　（公財）三康文化研究所研究員　博士（仏教学）

著書論文　『アビダルマ教学—倶舎論の煩悩論—』（法蔵館）、『修行僧の持ち物の歴史』『仏教とサンスクリット』（以上、山喜房佛書林）、『荻原雲来と渡辺海旭—ドイツ・インド学と近代日本—』『ブッダの冠—仏・菩薩の持ち物考—』（以上、大法輪閣）、「仏伝における白象入胎について」「摩耶夫人信仰の系譜」「大衆部・説出世部の僧院生活—『アビサマーチャーリカー』和訳—（１，２，３，４）」「マトゥラー仏の起源と大衆部」「インド浄土教の発祥地」「仏教学の先人たち（１，２）」他。

近代のサンスクリット受容史

2021年４月26日　初版発行

著　者　©西　村　実　則

発行所　株式会社　山喜房佛書林
〒113-0033　東京都文京区本郷 5-28-5
電話 03-3811-5361 FAX 03-3815-5554

ISBN978-4-7963-0321-7　C3015